KB069943

어떻게 회사는 강해지는가

# 어떻게 회사는 강해지는가

### 위기에 강한 회사를 만드는 28가지 가치관 경영의 원칙

**이나모리 가즈오** | 김윤경 옮김

다산북스

세이와주쿠에서 강연을 끝내고

젊은 사업가인 수강생들과 술잔을 기울이다 보면

그들은 볼멘소리를 하곤 했다.

"직원들이 제 마음 같지 않습니다.
적극적이지 않을뿐더러
변명하기 급급하고 책임감이 부족합니다.
회장님이 직원들의 마음을
사로잡은 비결을 알려주십시오."

그러나 사람의 마음을 움직이는 데
쉬운 비결이란 없다.

그저 경영 철학과 목표를 확실히 밝히며

직원들을 설득하고

피를 토하는 심정으로

간절하게 호소하는 수밖에 없다.

바로 이것이 모든 직원의
가슴에 하나의 목표를 새겨
조직을 '같은 의식과 사고를 공유하는 집단'으로
만드는 유일한 비결이다.

교세라를 창업한 지 3년쯤 되던 해
나 역시 비슷한 고민에 휩싸였다.


눈보라를 뚫고
겨우겨우 찾아간 고객사에서
교세라가 영세기업이라는 이유로
문전박대를 당하던 시절이었다.


"그런 듣도 보도 못한 회사 제품은 안 씁니다.
돌아가세요!"

비참한 심정으로 역에 되돌아오며 생각했다.

'어떻게 하면 회사를

더 강하게 만들 수 있단 말인가?'

고민 끝에 나는 가슴에
하나의 결심을 품었다.

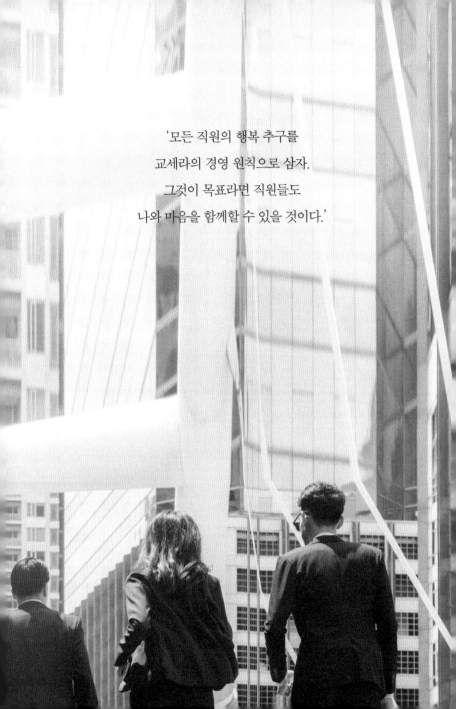

'모든 직원의 행복 추구를
교세라의 경영 원칙으로 삼자.
그것이 목표라면 직원들도
나와 마음을 함께할 수 있을 것이다.'

그런 목표를 품은 다음부터는 직원들에게 숨김없이
내 마음을 털어놓을 수 있었다.

"나는 직원의 행복을 위해서 누구에게도
지지 않을 만큼 노력하고 있네.
그런데 당신의 태도는 그게 무엇인가?"

"나는 교세라를 이런 기업으로 키워가고 싶네.
그런 회사로 만들기 위해서는
지금 내가 말하는 철학이 필요하다네."

전 직원과 얼굴을 마주하며 대화를 나누겠다는 일념으로

모든 부서를 찾아다니며

직원들을 설득하고 술잔을 주고받았다.

기업이 성이라면, 사람은 성을 이루는 돌담이다.
빈틈없이 견고하게 기업을 지탱하는 직원들이 있다면
기업은 어떤 상황에서도 살아남을 수 있다.

당신은 직원들을 똑바로 마주 보고
목표를 말하고 있는가?

굳건한 경영 철학으로
직원들을 가슴 뛰게 만들고 있는가?

영혼이 살아 숨 쉬고 있다면
당신의 회사는
그 어떤 위기에도 지지 않을 것이다.

프롤로그

# 강한 회사를
# 꿈꾸는 젊은 사업가들에게

●

이 책은 내가 주재하는 세이와주쿠 연구 모임의 내용을 정리해 1998년도에 『실천경영문답』이라는 제목으로 출간한 것이다.

'세이와주쿠'는 교토 경영자들의 강력한 요청을 받아 1983년에 발족한 경영 아카데미로, 2011년 일본 내 53개 지부, 해외 9개 지부로 크게 확산되었고 수강자 수는 6000명을 웃돌고 있다. 나는 1년에 10회 정도 각 지역에서 개최되는 연구 모임에 참석해 회사를 경영하면서 깨달은 경영 철학과 경영자가 지향해야 할 바람직한 마음가짐을 가르쳐왔다.

세이와주쿠에서 실시하는 다양한 연구 방식 가운데 '경영 문답'이라는 세션이 있다. 아카데미 수강자들이 회사를 경영해 나가는 과정에서 부딪힌 문제에 관해 질문하면, 내가 내 경험을 근거로 조언해 주는 것이다. 이 책에서는 이러한 경영 문답 중에서도 경영자는 물론, 조직의 리더라면 누구나 겪게 되는 사례를 엄선해 소개했다. 덕분에 많은 독자에게 실천적인 경영 방법은 물론 리더의 바람직한 모습을 배울 수 있었다는 호평을 받았다.

초판을 출간한 지 10년도 넘게 지났지만 출판사로부터 '이 책이 전하는 경영의 원리 원칙은 시간이 흘러도 절대 변하지 않는 것이며, 구체적인 사례까지 들어 설명하고 있어서 오늘날에도 충분히 통용됩니다. 더 많은 경영자와 사회인에게 알려주고자 새롭게 구성해 재출간하고 싶습니다'라는 제안을 받아, 약간의 개정 작업을 거쳐 독자들에게 새로이 선보이게 되었다. 금융위기가 발생한 지 20년이 지났는데도 각국의 경제는 여전히 침체되어 있으며 기업도 고전을 면치 못하고 있다.

이러한 상황에서 수많은 경영자와 간부들이 앞으로 회

사를 어떻게 이끌어가야 할지, 어떻게 해야 회사를 강하게 만들 수 있을지 고민하고 괴로워하고 있을 것이다. 다행히도 세이와주쿠 수강생들이 경영하는 기업들은 대부분 경영자와 직원들이 힘을 모아 누구에게도 지지 않을 만큼 노력한 덕에 지금의 혹독한 경영 환경에서도 성장을 지속하고 있다.

성실하고 애사심 높은 직원들이 있는 기업의 잠재력은 매우 크다. 경영자가 직원들을 배려하며 강한 의지와 불굴의 투지로 애쓰면 기업은 어떤 상황에서도 살아남을 수 있다.

이러한 나의 신념을 담은 이 책이 밤잠을 설치는 사업가들의 고민을 해결해 주고, 나아가서는 각 기업들의 부흥에 조금이나마 공헌할 수 있기를 진심으로 기원한다. 세이와주쿠 경영아카데미 수강생들과 세이와주쿠 사무국에 깊은 감사의 마음을 전하며 서문을 맺고자 한다.


세이와주쿠 학장

이나모리 가즈오

# 차 례

こうして会社を強くする

# 이나모리 가즈오의 경영 12개조

**제1조**   **사업의 목적과 의의를 명확히 한다**
공명정대하고 대의명분이 있는 목표를 세운다.

**제2조**   **구체적인 목표를 세운다**
설정한 목표를 항상 사원들과 공유한다.

**제3조**   **강렬한 소망을 마음에 품는다**
잠재의식에 각인될 정도로 강렬하고 지속적으로 소망한다.

**제4조**   **누구에게도 지지 않을 만큼 노력한다**
소소하고 작은 업무라도 한 걸음 한 걸음 성실하게 끊임없이
노력한다.

**제5조**   **매출은 최대로, 경비는 최소한으로 한다**
수익을 계산해서 지출을 계획하며, 이익을 좇으면 안 된다.
이익은 뒤에 따라오는 법이다.

**제6조**   **가격 결정은 경영이다**
가격 결정은 경영자가 해야 할 일이다.
고객도 만족하고 자신도 이익을 낼 수 있는
적정가는 한 지점이다.

제7조　경영은 강한 의지로 결정된다

경영에는 바위도 뚫을 수 있는 강한 의지가 필요하다.


제8조　불타오르는 투혼을 발휘하라

경영에는 어떠한 격투기보다도 뜨거운 투쟁심이 필요하다.


제9조　용기를 가지고 일한다

비겁한 행동을 해서는 안 된다.


제10조　항상 창조적으로 일한다

오늘보다는 내일이, 내일보다는 모레가 더 좋아지도록
끊임없이 개선하며 창의적인 연구를 거듭한다.


제11조　배려하는 마음으로 성실하게 일한다

장사에는 상대가 있다.
상대와 함께 행복해야 하고 모두가 만족해야 한다.


제12조　항상 밝고 긍정적으로,
　　　　꿈과 희망을 품고 순수한 마음으로 살아간다

1장

판 단 력 을    길 러 라

"천재는 99퍼센트의 땀과 1퍼센트의 영감으로 만들어진다"라는 토머스 에디슨의 말처럼, 성공의 요인에서 영감이나 재능이 차지하는 비율은 아주 미미하며, 착실한 노력과 땀 흘리는 일이 거의 전부를 차지한다. 교세라의 사업부장들은 순간순간의 위기에 흔들리지도, 조급해하지도, 낙담하지도 않는다. 오직 자기가 맡은 일 하나에 온 힘을 쏟는다. 그리고 무슨 일이 있어도 굴하지 않고 그 일을 계속한다. 이러한 자세가 인간을 견실하게 만들어주고, 더 나아가 인생에서 좋은 결실을 맺게 해준다.

# 어느 산에 오를지를
# 명확히 하라

●

[ 問 ]

**"최고경영자는 무엇을 판단 근거로 삼아야 할까요?"**

저는 지방에서 한 기업을 일군 창업자의 장남으로 태어나 현재는 부사장직을 맡고 있습니다. 아버지는 아직 건강하시지만 몇 년 후에는 사업을 물려줄 예정이라며 얼마 전 경영 전반을 제게 위임하셨습니다. 그런데 회사를 경영하고 조직을 운영할 때 경영자는 무엇을 근거로 판단해야 할지 잘 모르겠습니다.

저는 세이와주쿠에서 가르침을 받으며, 직원들의 행복

을 위해 우리 회사를 그저 '돈을 벌기 위해 일하는 직장'
이 아니라 '일을 통해 인격을 높일 수 있는 직장'으로 만
들고 싶다는 바람이 생겼습니다. 그래서 저 자신은 물론
이고 사원들에게도 경영 과제를 실천하라고 엄격히 요구
하고 있습니다. 하지만 창업 초기부터 아버지를 보좌하며
함께 일해온 경영 간부들과 사원들 사이에서 이런 제 방
침과 요구가 너무 지나치다는 비난이 일고 있습니다. 어
떤 경영자에게는 "직원들의 입장을 이해하지 못하면 덕
있는 사람이라고 할 수 없습니다"라는 쓴소리를 듣기까
지 했습니다.

저는 사실 중소기업 경영자 중에는 스스로가 부족하다
는 걸 알기에 사원들의 부족함도 너그러이 눈감아 주는
사람이 많다고 생각합니다. 그리고 직원들에게도 자신의
부족함을 경영자가 이해해 주길 바라는 마음이 있다 보
니 중소기업에는 '적당히 타협하고 넘어가자'는 안일한
풍토가 조성되어 있습니다. 심지어 중소기업 경영자끼리
는 서로 이런 풍토를 부추기며 회사의 성장을 저해하기
도 합니다.

저는 경영자가 직원들의 능력 부족을 이해해 주는 것

은 회사 경영과 조직 운영 차원의 문제가 아니라고 생각합니다. 직원의 능력 부족이나 나약함을 이해해 주는 것은 그저 도량의 문제일 뿐이지요. 저는 경영자들끼리도 서로 격려하고 경쟁하면서 공부하고 인덕을 쌓아야 한다고 생각합니다. 하지만 그러면서도 "아버지는 참 덕이 있는 분이셨는데요" 같은 말을 들으면 직원들과 잘 화합하는 길을 택한 아버지처럼 하는 것이 현명한 경영인가 하는 생각도 듭니다. 아무쪼록 좋은 가르침을 주십시오.


[ 答 ]

**"우선 목표를 세우고 나서 실행 방법을 정해야 합니다."**

---

귀하의 고민은 매우 수준이 높군요. 진심으로 경영에 몰두하지 않았다면 그런 고민까지 하지 못했을 것입니다. 귀하는 이미 상당한 수준에 이른 것 같습니다.

그런데 귀하의 말을 들어보면 "자신이 부족하다고 해서 직원들의 부족함도 어느 정도 눈감아 주는 식으로 안일하게 생각해선 안 됩니다. 자신의 도량을 키우는 것은 물론이고 직원들을 발전시키기 위해 절차탁마해야 합니다"라고 임직원들에게 말했을 때 그들이 받아들이지 않은 것 같군요. 직원들이 오히려 그렇게 말하는 귀하를 비난해서 고민하고 있고요. 또한 이 문제는 회사 경영이나 조직 운영과는 별개의 문제이며, 타인의 부족함을 이해해 주는 것은 도량의 문제라고 생각하시는 것 같습니다.

하지만 직원들을 이해하는 것은 경영과 별개의 문제가 아닙니다. 이 문제는 회사 경영과 조직 운영 그 자체이며, 당연히 도량 수준의 문제도 아닙니다. 즉, 그저 부족함을 서로 인정하고 넘어가 주는 것이 좋으냐, 나쁘냐의 차원이 아니라는 것입니다.

우선 귀하가 어떤 길을 걷고 싶은지, 어떤 목표 지점에 이르고 싶은지를 직원들과 허심탄회하게 논의해야 합니다. 그러고 나서 그 목표에 도달하기 위해서는 어떻게 살아가야 하고 어떤 과정을 밟아나가야 하는지를 설득해야 하지요. 따라서 귀하는 이렇게 말했어야 합니다.

"저는 여전히 부족하고 때로는 잘못된 결정을 내리는 불완전한 사람이기에 부족한 점을 고치고 인격을 높이려 노력하고 있습니다. 그리고 저는 여러분 역시도 성장하기를 바랍니다. 이는 우리 회사를 이러이러한 회사로 만들고 싶기 때문입니다. 그러기 위해서는 지금 제가 말하는 삶의 자세가 필요합니다."

굉장히 어려운 문제이니 예를 들어보겠습니다. 사실 나도 예전에 어떤 분에게 이런 말을 들은 적이 있었거든요.

"이나모리 씨가 살아가는 모습은 왠지 너무 융통성이 없는 것 같아요. 그렇게 살려면 힘들지 않나요? 인간이란 원래 완벽하지 못한 존재여서 실수할 수도 있고, 이런저런 일이 생기는 게 당연합니다. 실제로 저는 워낙 덜렁대는 성격이라 실수가 잦은데도 임원과 사원들은 오히려 '우리 사장님은 인간적이야'라면서 절 따르고 있어요. 제 자신이 그렇다 보니 부하 직원들의 부족함도 잘 이해할 뿐더러 실패에도 너그러워서 창업자가 아닌 2대 사장인데도 직원들은 모두 저를 잘 따릅니다. 어쩌면 이나모리 씨는 도량이 부족해서 그렇게 고지식하고 엄격하게 살아가는 것 아닌지요?"

그때는 저도 젊었기에 그의 말에도 일리가 있다고 생각했습니다. 하지만 그렇지 않습니다. 결론부터 말하자면, 목표가 다른데 그 과정을 비교하는 건 의미가 없습니다. 방법론은 목표에 따라 달라지는 것이니까요.

그분이 경영하는 회사는 창업한 지 50년이 지났는데도 여전히 선대 시절과 매출 규모도 비슷하고 이익도 날까 말까 한 수준입니다. 그 정도여도 괜찮다면 사장이 일을 대충 한다 해도 상관없습니다. 하지만 나처럼 맨주먹으로 시작한 회사를 30여 년 만에 매출 5000억 엔에 직원 3만 명 규모로 키워내기 위해서는 엄격한 통솔 방식과 사고가 필요합니다. 그러므로 "이나모리 씨의 경영 방식으로는 불과 30년 만에 회사를 이렇게까지 성장시킬 수 있군요. 하지만 제게는 그 방식이 맞지 않습니다. 제 목표는 그만큼 원대하지 않고, 저도 힘들고 직원들도 힘들 테니까요"라고 말하는 것이 옳겠지요.

귀하의 경우는 애초에 비교할 대상이 없는데도 비교한다는 것에 문제가 있습니다. 등산을 하더라도 야트막한 구릉을 오를 때와 히말라야에 오를 때는 그 준비 과정과 등산 기술의 수준이 전혀 다릅니다. 초보자는 결코 에베레스트산을 오르지 못할 게 뻔합니다. 그러니 우선 어느 산에 오를 것인지부터 회사 내부에서 확실히 논의하세요.

그렇게 구체적인 목표를 세운 후에야 방법론을 이끌어내고 직원들을 독려할 수 있는 것입니다. 아무쪼록 이 점을 명심하며 경영하길 바랍니다.

# 원리 원칙을
# 기준으로 삼아 경영하라

●

## "초보 사장입니다. 사장의 업무를 수행하는 데
## 어떤 마음가짐을 가져야 할까요?"

저희 회사는 올해로 창업 50주년을 맞이한 제과 회사입
니다. 올해 3월, 약 35년간 경영자로 일해온 아버지의 뒤
를 이어 제가 39세의 나이로 3대 사장에 취임했습니다.
사장직의 승계는 이미 결정된 방침이었고 아버지도 회장
으로서 계속 경영에 참여하시기로 정했기 때문에 사내의

반발은 없었습니다. 이처럼 별다른 잡음 없이 사장직을 승계할 수 있는 것은 큰 행운이지요. 그래서 이제 사장의 업무를 수행하는 데 어떤 마음가짐을 가져야 하는지, 그리고 무엇을 주의해야 하는지 학장님께 배우고 싶습니다.

실은 몇 년 전부터 사장 승계를 염두에 두고 있었던지라 각오를 단단히 다지고, 사장의 직무와 역할이 무엇인지 숙고해 왔습니다. 그러한 고민 끝에 기업의 경영자이자 리더로서 전 직원의 인생과 미래를 책임지고 있는 이상 '직원들의 행복'이 가장 중요하며 더불어 지역 사회의 일원으로서 기업을 발전시켜 나갈 책임이 있다는 것을 잊으면 안 된다는 결론에 이르렀습니다.

사장 취임식을 무사히 치르고 전 직원에게 회사의 경영 이념에 따른 중기 경영 계획을 발표하기도 했습니다만, 사장으로서 어떤 역할을 해내야 하는지는 제게 여전히 큰 고민입니다. 초보 사장인 제게 사장으로서 어떤 마음가짐으로 무슨 역할을 해내야 하는지 조언해 주시기 바랍니다.

[ 쏨 ]

## "원리 원칙대로 경영해야 합니다."

사장의 역할을 하는 데 중요한 것은 무엇인지, 무엇을 주의해야 하는지를 알고 싶다는 질문이군요. 젊은 나이에 사장 자리에 올랐는데도 임직원들이 거부감 없이 받아들여 주어 행운이라고 하셨는데요, 그것은 귀하의 아버님이 회사를 잘 통솔하셨기 때문입니다.

급여를 주는 사장이 지시를 하면 사람들은 일단 따르겠지요. 하지만 직원들이 정말 진심으로 따르게 만들려면 그만큼 경영자의 역량과 인격이 훌륭해야 합니다. 그러므로 반드시 인격을 길러서 아버지처럼 존경과 신뢰를 받는 경영자가 되기를 바랍니다.

인품을 갖추는 일이 중요한 까닭은 한 가지 더 있습니다. 지금은 아버님이 건강하시니 괜찮겠지만, 만약 나중에 아버지가 돌아가시면 그때는 귀하가 항상 최종 결정을 내려야 하는 위치에 서게 됩니다. 사장은 모든 일을 최종적으로 결정하는 자리입니다. 부사장이나 전무일 때는 위에 최종 결재권자가 있으니 "저는 이렇게 하고 싶습니다" 정도로 의사를 표명하면 그만이지만 사장은 그럴 수 없습니다. 따라서 항상 마음에 흔들리지 않는 좌표축을 두고 그것을 기준으로 결단을 내려야 합니다. 그래서 나는 사장이 제 역할을 하고 기업을 통솔하려면 모든 판단의 기준이 되는 '마음속의 좌표축'을 갖는 것이 무엇보다도 중요하다고 생각합니다.

나는 창업할 당시부터 '인간으로서 옳은 것' 그리고 '원리 원칙에 맞는 것'이라는 두 가지 기준을 마음속의 좌표축으로 삼고 항상 자문자답을 되풀이했습니다. 여기서 말하는 원리 원칙이란 옳고 그름의 판단 기준 또는 선악의 판단 기준, 공평, 공정, 성실, 성의, 애정, 정의, 박애, 정직, 솔직함 등 매우 상식적인 말로 나타낼 수 있는 윤리관입니다. 이 윤리관을 제대로 세우지 않으면 자칫 자신의 욕망대로 일을 판단해 버릴 수도 있습니다.

세이와주쿠에서 내가 항상 강조하는 것처럼 이 윤리관은 인간이 본래 지니고 있는 정신, 즉 '영혼'입니다. 그리고 인간의 영혼은 진, 선, 미라는 말로 표현되는 실체지요. '진실을 추구하고, 선한 일을 좇고, 아름다움을 바라는 마음'은 인간의 본능입니다. 따라서 귀하도 사장으로

서 어떤 일을 판단할 때는 이러한 윤리관에 따라 결단을
내려야 합니다.

그 밖에도 사장으로서 유념해야 할 일을 조금 더 구체
적으로 말씀드리겠습니다.

첫째, 사장은 공과 사를 엄격히 구별해야 합니다. 절대
공사를 혼동해서는 안 되며, 특히 인사人事와 관련해서는
어떠한 불공평도 생겨서는 안 됩니다.

둘째, 사장은 경영에 무한한 책임감을 지녀야 합니다.
기업은 무생물이지만 그 기업에 생명을 불어넣는 것은
사장밖에 없습니다. 귀하가 기업에 얼마나 책임감을 갖고
자신의 의지를 쏟아붓느냐에 따라 회사의 생명력이 달라
집니다.

셋째, 이처럼 사장이 기업에 중요한 존재인 만큼 자신
의 인격과 의지를 전부 기업에 쏟아부어야 합니다.

넷째, 사장이란 직원들의 행복을 위해 물심양면으로 누
구보다 노력하는 존재여야 합니다.

다섯째, 사장은 직원들로부터 존경받는 존재여야 합니
다. 그리고 직원들에게 존경을 받기 위해서는 인격을 드

높여야겠지요. 그래서 타고난 성격대로 살아가서는 안 되며, 경영 철학을 깊이 연구함으로써 인격을 갈고닦아야 합니다.

마지막으로 지금까지 말씀드렸듯이 사장이란 최종 결정자입니다. 그러니 고독할 수밖에 없습니다. 사장은 항상 자신이 내린 판단이 옳았는지, 정말로 잘한 일인지 불안해하기 마련입니다. 이러한 고독감을 견뎌내기 위해서 앞으로는 진실한 동지나 마음을 터놓고 말할 수 있는 친구를 만들기 바랍니다.

# 이타의 마음으로
# 최선을 다하라

●

## "경영자의 무기는 무엇인가요?"

저희 회사는 외식 프랜차이즈 사업을 하고 있습니다. 저
는 대학교를 졸업한 후 대형 패밀리레스토랑에 입사해서
일했지만, 반년쯤 지난 후 현재의 회장이신 아버지가 병
으로 쓰러지시는 바람에 회사를 옮겨 지금은 아버지의
회사에서 일하고 있습니다. 그 후 건강을 회복한 아버지
와 힘을 합쳐 당시 4개밖에 되지 않았던 점포를 28개로

늘려 규모를 키웠고, 매출액도 22억 엔까지 끌어올렸습니다.

저는 학장님께 경영자의 역량과 기업 통솔 능력에 관해 여쭙고 싶습니다. 저희 회사는 매출 100억 엔 달성을 목표로 하고 있기에 회사를 발전시키려면 우수한 인재가 필요하다고 판단했고, 대형 프랜차이즈 매장에서 부장으로 일하던 후배를 관리부장으로 영입했습니다. 그는 조직은 물론 인사 업무에도 정통한, 아주 귀중한 인재입니다. 저도 그에게 영향을 받아 조직과 인사에 관해 공부하기 시작했고 지금은 일이 재미있어졌습니다. 다행히 사업이 잘되고 있는데, 관리부장은 이 기회를 놓치지 말고 자금을 더 투입해서 점포를 대폭 확장하자고 적극적으로 제안하고 있습니다. 저도 최근에는 그가 있으면 매출 100억 엔 달성도 그리 어렵지 않으리라는 생각이 들더군요.

하지만 그렇게 생각할수록 불안해서 견딜 수가 없습니다. 지금까지 일에 그다지 열정을 쏟아붓지 않았던 제가 매출 100억 엔이나 되는 큰 회사의 경영자 역할을 잘해낼 수 있을지 두렵기 때문입니다. 저는 경영자에게는 기업 규모에 맞는 역량이 필요하다고 생각합니다. 그래서 제가 그만한 그릇이 될 수 있는지, 저보다 능력 있는 인재들을 잘 통솔해 나갈 수 있을지 걱정이 되어 머릿속이 고민으로 꽉 차 있습니다.

저는 현재 가업 수준인 이 사업을 대기업 수준으로 키우고 싶습니다. 학장님은 교세라를 지금의 거대한 그룹으로 키우는 과정에서 어떤 경영 철학을 갖고 얼마나의 열정과 각오로 임하셨는지 꼭 듣고 싶습니다.


[ 答 ]

**"사람을 위해서 최선을 다하세요."**

---

레스토랑을 4개 점포에서 28개 점포로 늘리고 연 매출도 20억 엔까지 끌어올렸지만 앞으로의 미래가 불안해서 견딜 수 없다는 말씀이군요. 우선 왜 불안한 마음이 생기는지 그 원인부터 짚어보지요. 그것은 귀하가 회사의 현재 상태를 명확하게 파악하지 못했기 때문입니다.

내가 받아본 자료로 판단해 보면 귀사의 수익성은 상당히 좋지 않습니다. 그런데도 최고경영자인 귀하는 그 사실에 대한 자각이 부족하고요. 하지만 실태를 파악해서 통솔해야 한다는 것은 막연히 느끼고 있을 겁니다. 그렇기에 자신보다 능력 있고 기업의 실태를 장악할 수 있는 부하 직원을 필요로 하면서도 아랫사람이 그렇게 뛰어나면 자신이 회사를 제대로 통솔하지 못할 것 같은 불안감이 동시에 공존하는 것입니다.

흔히 '종기는 커지면 터지고 중소기업은 커지면 망한다'라는 말이 있습니다. 이런 말이 도는 까닭은 기업의 경영 지표와 재무 관리가 제대로 이루어지지 않기 때문입니다. 귀하가 맨 먼저 해야 할 일은 각 점포를 '독립채산제' 방식으로 운영하는 것입니다. 프랜차이즈 사업은 지점별로 매출과 매입 현황을 그날그날 파악할 수 있으니 우선 각 점포에 관리회계 담당자를 두고 귀하에게 매출입 집계 자료를 보고하도록 해야 합니다. 또한 주 단위나 월 단위로 목표를 설정하되 지점장들은 그 결과를 보고하는 시스템을 만들고, 동시에 그 결과를 평가하는 인사 시스템도 구축해야 합니다. 이 시스템이 완전히 자리 잡아 스무 곳이 넘는 매장에서 고수익을 올릴 수 있다면 그 다음에는 같은 방법으로 지점을 늘려가면 됩니다. 다만 이때는 유능한 지점장을 선발해 각 지점에 배치하는 것이 중요합니다.

하지만 수익성이 높아지고 회계 관리가 원활히 이루어진다고 해서 그것만으로 회사가 커지는 것은 아닙니다. 귀하도 말했듯이 회사가 성장할수록 경영자의 역량이 중요해집니다. 다만 귀하의 고민이 핵심을 잘 파악하고 있는 만큼 앞으로 귀하는 회사를 더욱 성장시킬 수 있으리라고 믿습니다. 핵심에 대한 고민은 회사가 성장하는 첫걸음이니까요.

귀하도 알고 있듯이 회사는 경영자의 그릇보다 더 크게 성장할 수 없습니다. 그래서 직원들을 이끌어가려면 경리·회계 업무를 안정시키는 동시에 귀하의 매력, 즉 인간성과 인격을 길러야 합니다.

그렇다면 부하들의 마음을 사로잡는 경영자란 어떤 인물일까요? 저는 '인仁', '의義', '성실', '공평과 공정', '용기'의 다섯 가지 덕목을 갖춘 사람이라고 생각합니다. 요컨대 배려심이 있고 의리와 인정이 두터우며 누가 보든 안 보든 한결같이 노력하는 사람, 그리고 인사 업무에 관해서 사사로운 감정에 얽매이지 않으며 비겁한 행동을 하지 않는 사람입니다. 하지만 어지간한 수행을 하지 않고서는 그러한 인격을 하루아침에 갖출 수는 없습니다.

그러니 다른 사람을 위해 최선을 다하자는 마음가짐을 경영의 기본 원칙으로 삼아 인격을 연마하라고 말씀드리고 싶습니다. 사람의 인생은 오직 한 번뿐입니다. 이처럼 소중한 인생을 단지 20여 개의 점포, 연간 매출액 20억 엔으로 끝내기는 아쉽지 않을까요? 어차피 사는 인생이라면 더 많은 사람을 기쁘게 만들어보자는 각오로 경영에 임하십시오.

인간은 집착에서 벗어났을 때 가장 강해지는 법입니다. 돈을 벌고 싶다거나 출세하고 싶다는 마음은 모두 욕망입니다. 물론 이러한 집착과 욕망에서 완전히 벗어나기는 어렵겠지만 '다른 사람에게 기쁨을 주기 위해' 행동하면 그만큼 사사로운 욕심은 줄일 수 있습니다. 인격 수양은 바로 여기에서 시작됩니다.

이렇게 한다고 과연 회사가 성장할 수 있을지 의구심이 들지도 모릅니다. 나 역시도 교세라를 창업한 지 3년째 되던 해 비슷한 고민을 했고, 그 끝에 물심양면으로 모든 직원의 행복을 추구하겠다고 결심해 그것을 경영의 기본 원칙으로 삼았습니다. 그러고 나서야 비로소 교세라가 성장하기 시작했습니다. "선의는 남을 위한 것일 뿐만 아니라 자신에게도 좋은 결과로 돌아온다"라는 말이 있습니다. 귀하도 이러한 '이타'의 정신을 가슴에 품고 경영에 임하면 좋겠습니다.

# 잠재의식에 각인될 정도로
# 강렬하게 원하라

●

[ 問 ]

**"경영 목표는 어떻게 결정해야 하나요?"**

---

저희 회사는 의상 대여점을 운영하고 있는데, 연간 계획과 중기 계획을 세우는 방법, 연간 매출 증가율 목표 등을 어떻게 정해야 할지 고민이 되어서 학장님께 조언을 듣고 싶습니다.

저는 가업인 의상 대여점을 확장해 종합 웨딩 서비스 회사로 만들고, 장래에는 주식 상장까지 하고 싶습니다.

경영 목표를 설정할 때는 학장님의 가르침에 따라 '매출은 최대로, 경비는 최소로'를 기본 원칙으로 삼아 연간 계획과 중기 계획을 세우고 있습니다만, 직원들에게 목표 설정의 근거를 자신 있게 설명할 수 있는지를 자문하면 솔직히 그렇지 않습니다.

물론 이룰 수만 있다면야 목표는 큰 편이 좋겠지만 목표가 너무 크면 자칫 그림의 떡처럼 여겨져 '목표'로서의 기능을 잃고, 그렇다고 목표가 너무 낮으면 직원들이 나태해지겠지요. 그래서 시장 환경 같은 여러 조건을 두루 고려해 사내에 적당한 긴장감을 주면서도 노력하면 이룰 수 있는 수준의 목표를 경영자인 제가 톱다운Top-down 방식으로 결정해야 한다고 생각합니다.

하지만 전체적인 상황을 모두 고려해 정한 목표치이다 보니 직원들이 그에 공감하지 못할 때가 있습니다. 그렇다고 보텀업Bottom-up 방식으로 하자니 직원들은 자꾸 달성하기 쉬운 정도로 목표를 소극적으로 정하는 경향이 있어 결국 제가 의도하는 목표에는 턱없이 부족한 수치가 나오곤 합니다. 게다가 각 부서마다 책임자의 의욕과 성향이 다르다 보니 전체적으로 보면 형평성에 어긋나기도 하고요. 그래서 연간 성장률 등 경영 목표를 설정할 때 무엇을 근거로, 또 어떤 방식으로 결정해야 하는지, 그리고 톱다운과 보텀업 방식 중 어느 쪽을 채택해야 하는지 결정의 기준과 방법이 궁금합니다.


[ 答 ]

**"모두의 가슴에 각인될 수 있도록 목표를 공유하세요."**

---

어떻게 목표를 설정하고, 계획을 수립해야 하는지에 대해 고민한다는 것은 그 자체로 귀하가 훌륭한 경영자라는 증거입니다. 목표 설정은 실제로 기업 경영에서 매우 중요한 일이기에 경영을 하다 보면 반드시 이런 고민에 직면하지요.

결론부터 말하자면, 경영 목표를 설정하는 데 적정한 방법과 기준이 정해져 있지는 않습니다. 목표 설정은 형식의 문제가 아니기 때문입니다. 경영 목표에는 무엇보다도 경영자의 강력한 의지가 드러나는 것이 중요합니다. 그리고 경영자는 모든 사원이 '사장님이 결정한 일이니

어떻게 해서든 반드시 달성하자'고 생각하도록 만들어야
합니다.

기업은 사람이 모인 집단이며 경영자의 역할은 그 구
성원들에게 열정을 불어넣는 것입니다. 즉, 경영자라면
조직을 오합지졸의 집합체가 아닌 '모든 직원이 하나의
목표를 향해 돌진하는 조직', '같은 의식과 사고를 공유하
는 조직'으로 만들어야 합니다. 결국 기업의 목표란 사람
으로 구성된 조직을 어떻게 이끌어가고 싶다는 경영자의
바람과 의지 자체여야 합니다.

그렇다면 경영자는 어떠한 바람을 가져야 할까요? 경
영자라면 잠재의식에 투철하게 각인될 만큼 강렬한 바람
을 가져야 한다고 생각합니다. 그저 '이렇게 되면 좋을 텐
데' 하는 막연한 바람이 아니라 '어떻게 해서든, 무슨 일
이 있어도 반드시 해내겠다'는 강렬한 의지여야 하며, 밤
이나 낮이나 자고 있을 때나 깨어 있을 때나 오로지 그
일에만 골몰할 정도로 절실하게 원해야 합니다.

하지만 현실적으로 생각해 보면 경영자가 도저히 달성
하기 힘들 만큼 허황된 목표를 제시하면 아무리 바람이
니, 의지니 말해봤자 직원들은 "사장님, 그건 불가능합니

다"라면서 처음부터 의욕을 잃고 목표 달성을 포기할 것입니다. 그렇다고 당황해서 다시 목표를 하향 조정하면 직원들은 목표란 얼마든지 바꿀 수 있는 것이라고 생각하겠지요.

그렇게 직원들이 경영 목표를 언제든 바꿀 수 있는 가벼운 것으로 인식하게 되면 회사는 결코 성장할 수 없습니다. 경영자가 아무리 강렬한 바람과 의지를 갖고 있다 해도 직원들의 마음을 사로잡지 못하면 아무 의미도 없습니다. 요컨대 회사를 경영할 때는 '사람의 마음을 어떻게 사로잡을 것인가?'가 매우 중요합니다. 그러므로 경영자는 직원들에게 신뢰와 존경, 흠모를 받으며 마음에서 우러나 따르고 싶을 정도의 인품을 갖추는 동시에, 어떻게 하면 직원들의 마음을 움직일 수 있는지를 알아야 합니다.

중국 고전에 "하늘이 내린 기회도 토지의 유리한 조건에는 미치지 못하며, 토지의 유리한 조건도 사람 사이의 강한 결속에는 미치지 못한다"라는 말이 있습니다. 하늘이 내린 좋은 시기나 유리한 조건을 얻었다고 해도 최종적으로 일을 결정하는 주체는 인간이며 그 마음이라는 뜻입니다. 그러므로 경영자는 직원들의 마음을 누구보다도 잘 이해해서 그들과 견고한 유대 관계를 맺어야 하는 것입니다.

경영자는 평소 자신의 생각과 의지를 전해 직원들이 그 말을 충분히 이해할 수 있도록 해야 합니다. 회의할 때도, 심지어 회식할 때도 계속 의지를 각인시켜야 경영자가 "내년에는 회사를 두 배 이상 성장시키고 싶습니다. 여러분도 꼭 협력해 주길 바랍니다"라고 말했을 때 직원들도 망설임 없이 "저희도 노력하겠습니다"라고 저절로 동조하는 분위기를 만들 수 있습니다.

단순히 톱다운 방식으로 목표를 강요하라는 뜻이 아닙니다. 반드시 달성하겠다는 경영자의 강한 의지가 그대로 직원들에게도 전해져 그들도 그 의지를 내재화해야 전 직원이 의욕에 차오르고 사내 전체의 방향성이 하나로 모일 수 있다는 것입니다. 경영자라면 반드시 그렇게 해나가야 합니다.

경영자를 중심으로 직원 대부분이 함께 도약을 꿈꾸며 목표를 향해 한마음으로 일하면, 설령 냉담한 시선으로 바라보는 직원이 있더라도 회사 전체가 활기를 띠며 열정으로 가득 찰 수 있을 것입니다.

목표를 설정하고 실현하는 것은 경영자의 영원한 과제입니다. 그리고 경영자의 의지가 반영된 목표를 설정하고, 그 목표를 향해 직원들과 함께 최대한의 노력을 기울이는 일이야말로 경영자가 해야 할 일의 전부라고 해도 과언이 아닙니다.

부디 귀하가 자신의 의지와 소망을 토대로 목표를 설정해 직원들과 공유하고, 귀하와 회사 전체가 하나로 뭉쳐 그 목표를 향해 매진해 나가기를 진심으로 기원하겠습니다.

# 경영자에게는 언제나
# 회사가 우선이다

●

[ 問 ]

## "본업과 부업인 공직을 병행해야 할 때,
## 그 사이의 갈등을 어떻게 극복해야 할까요?"

저희 회사는 수산식품을 제조해서 도매로 판매하고, 현재 200명의 직원을 두고 100억 엔의 연간 매출을 내고 있습니다. 창업자는 저희 아버지이고, 저는 3년 전 2대 사장으로 취임했습니다. 저는 지방 소도시의 경영자가 본업과 부업인 공직 사이에서 갈등을 겪을 때 어떻게 극복해야 하는지 그 방법과 마음가짐에 관해 질문을 드리려고 합니다.

작년에 세상을 떠난 아버지는 생전에 상공회의소 회장을 역임하셨습니다. 그래서 후계자인 제게도 상공회의소와 수산식품업계를 비롯해 복지, 문화, 고용 등 지역 발전에 관련된 공직을 맡아달라는 요청이 많습니다. 창업자의 경우 아는 사람이 많지 않아서 사업에만 전념할 수 있지만, 저 같은 후계 경영자는 한창 일할 시기인데도 공직을 맡아달라는 요청을 수차례 받곤 합니다. 선대 경영자가 수완이 좋고 인지도가 높을수록 그러하지요. 그리고 인구 3만 명 정도의 소도시에서는 회사가 어느 정도 규모로 성장하면 그 지역에 미치는 영향력이 커져서, 대도시와는 달리 공직 취임 요청을 계속 피할 수도 없는 실정입니다.

저는 급변하는 경제 환경에서 살아남으려면 본업에 전념해야 한다고 생각합니다. 하지만 끊임없이 공직 취임 요청을 받다 보니 계속 거절할 수도 없고, 만약 공직을 맡는다면 본업과 어떻게 균형을 맞춰야 할지 고민하고 있습니다. 예전에 학장님께서 강연에서 '마음의 좌표축'이라는 주제로 발전과 조화, 그리고 이기利己와 이타利他의

개념에 대해 말씀하셨습니다. 그 강연에서 배운 것을 적용해 보면 공직은 이타이며, '동기가 선하고 사심이 없는가?'라고 자문했을 때 그렇다고 대답할 수 있습니다. 하지만 선의 일환으로서 공직을 맡다 보면 본업을 소홀히 하게 될까 봐 염려됩니다. 학장님의 강연에서 '본업은 8, 공무는 2이며, 백 보 양보해도 7 대 3의 비율로 해야 한다'라고 말씀하신 것을 들었지만 일단 공직을 수락하면 말씀하신 비율로 균형을 유지할 수 있을지 잘 모르겠습니다. 이런 문제를 어떻게 극복해야 할지 조언을 듣고 싶습니다.


[ 答 ]

**"본업이 있어야 부업인 공직도 있는 법입니다."**

---

귀하의 고민은 후계 경영자만이 겪는 매우 어려운 문제입니다. 확실히 창업자인 내 경우 젊었을 때는 그런 요청이 아예 없었을뿐더러, 있더라도 거절하면 그만이었습니다. 귀하의 경우 아버님이 훌륭한 창업자였고 여러 공직

을 잘 역임하셨기에 후계자인 귀하에게도 같은 요청이 들어오는 상황이군요. 또한 소도시이다 보니 본업에만 몰두하고 싶어도 자꾸만 공무와 지방 행정에 관련된 행사에 끌려다닐 수밖에 없는 것이지요. 이런 일은 충분히 일어날 수 있으며, 귀하와 같은 고민을 하는 후계 경영자들도 많지 않을까 싶습니다.

귀하는 "공무는 사회봉사이므로 이타적 행위다", "공무를 하는 데 사심은 없다"라고 했는데 내 생각은 조금 다릅니다. 나는 귀하에게 사심이 있다고 생각합니다. 바로 '명예욕'입니다. 사람들을 이끌어가는 위치에 서고 싶고 남들보다 두드러지고 싶은 마음이 있는 것이지요. 그러니까 공무를 이타적 행위일 뿐이라고 말할 수는 없습니다. 주위 사람들에게 부탁받은 일이고, 그 자리에 있는 사람을 끌어내려서 맡는 것이 아니므로 그 동기는 선할지 몰라도 귀하에게 사심은 분명히 있습니다. 그리고 아버님이 그 지역의 명사였던 만큼, 업계와 사회에 공헌하지 않고 사업에만 몰두하다가 사람들에게 잊히거나 손가락질당하기 싫다는 심정도 숨겨져 있을 것이라고 생각합니다.

물론 공직을 받아들이고 세상과 인류를 위해서 노력을 다하는 일은 훌륭한 이타 행위입니다. 그러니 정말로 사심 없이 공직에 뛰어들고 싶다면 경영의 제일선에서 물러나야 합니다. 동생이든 전문 경영인이든 믿을 만하고 능력 있는 사람을 사장으로 앉히고, 자신은 회장으로 물러나 명예직에 머무르는 겁니다. 공직에 취임한 상태에서는 자신이 사장으로 일하는 것보다 동생이나 전문 경영인에게 경영을 일임하는 편이 회사의 발전을 위해 더 좋습니다. 그러고 나서 귀하는 공직을 수행하는 데만 몰두해 사회에 공헌하는 것입니다. 그렇게 할 수 있다면 공직 제안을 받아들여도 됩니다.

　하지만 만약 경영자 역할을 다른 사람에게 맡기고 싶지 않다면 공직을 수락해서는 안 됩니다. 회사가 있어야 공직도 있는 것이니까요. 무엇보다 본업이 중요합니다. 회사가 훌륭하게 성장하고 있고 실적이 있기에 공직에 취임해 달라는 의뢰가 들어오는 것이니 본업을 게을리해서는 설령 공직에 취임한다 해도 좋은 결과를 낼 수가 없습니다.

　경영에서 물러날 수 없고, 공직도 거절할 수 없다면 귀하는 사장으로서 경영에만 전념하고 그 대신 공직을 맡길 수 있는 사람을 부회장으로 임명해 앞으로는 부회장에게 모든 공직을 맡기겠다고 공표해도 좋습니다.

사실 그런 공직 활동에 관심이 많은 경영자의 회사는 제대로 발전하기 어렵습니다. "두 마리 토끼를 잡으려다 한 마리도 잡지 못한다"는 속담이 있듯이 명예욕에 흔들리면 더 많은 것을 잃게 됩니다.

내가 교토상공회의소 회장직을 받아들인 시기도 경영 일선에서 물러나 명예 회장이 되고 난 후였습니다. 당시 이토 겐스케 사장과 이하의 임원들이 회사 경영에 충분히 역할을 다해주었기에 그들에게 모든 권한을 넘기고 저는 고문 역할만 하는 체제를 갖춰놓은 다음에야 상공회의소 회장으로 일했던 것입니다. 사실 조금 부끄러운 얘기지만 그때까지 상공회의소의 일은 거의 하지 않았습니다. 거꾸로 말하면 공직은 그 정도의 각오가 필요한 일입니다.

사장직을 그만둘 수도 없고 대신할 사람도 없다면 최소한 7 대 3의 비율은 지키는 것이 좋습니다. 공직은 무슨 일이 있어도 최대 30%를 넘지 말아야 합니다. 공직이란 정말로 끝이 없는 일이므로 시간적으로 봐도 7 대 3의 비중으로 조율하는 것이 좋습니다. 이것은 확실히 말할 수 있습니다.

"아버지를 이어 대대로 이 지역에서 사업을 해왔으니 역시 지역 발전을 위해서 솔선수범해 힘닿는 데까지 일하고 싶습니다. 하지만 저는 아직 역량이 부족합니다. 이 공직을 받아들였다가 아버지가 힘들게 키워온 회사가 기울기라도 한다면 직원들에게도, 지역 주민들에게도 면목이 없습니다. 그러므로 회사 경영에 70%의 시간을 할애하고 나머지 30% 선에서 이 임무에 최선을 다하려 합니다. 아마 부족한 점도 많을 것입니다. 하지만 앞으로 견고한 체제를 갖추고 후계자를 키워낸 후에는 50%, 아니 60%로 시간을 더 할애해 열심히 일하겠습니다."

이렇게 양해를 구하십시오. 그렇게 철저히 본업을 지킬 수 있는 범위에서만 공직을 받아들이길 권합니다.

나는 이러한 유혹을 항상 '악마의 속삭임'이라고 부릅니다. 악마는 웃으며 다가오거든요. 귀하의 명예욕을 부추기고 기분 좋게 치켜세우면서 "회사가 이만큼 훌륭하게 성장했으니 이제 지역을 위해서 조금은 공헌해야 하지 않겠습니까?" 하면서 접근해 오는 것이지요.

　이 제안을 받아들이고 싶다면 경영의 제일선에서 물러나야 합니다. 그렇지 않다면 무엇보다도 경영자로서 회사를 우선해 결정하십시오. 본업이 있고 나서야 부업인 공직도 있다는 사실을 잊지 마시길 바랍니다.

# 모든 것은
# 마음가짐에 달려 있다

●

## "위기에 맞닥뜨렸을 때
## 어떤 마음가짐을 가져야 할까요?"

---

저희 회사는 고베에서 식품을 제조·판매하고 있습니다.
1995년 한신·아와지 대지진이 일어났을 때 저희 회사도
피해를 입었습니다. 잘 아시듯이 진도 6의 강한 지진으로
사망자가 약 6000명, 부상자는 약 4만 명에 이르렀고 전
체 혹은 반 이상 파괴된 가옥이 약 25만 채나 발생한 대

참사였지요.

피해를 입었을 당시는 갈피를 잡지 못한 채 경영 재건 작업에 착수했습니다만 세월이 지날수록 그때의 판단이 옳았는지, 그리고 앞날에 대비하기 위해 어떠한 마음가짐을 가져야 하는지 생각하게 됩니다.

사실 지진이 발생한 직후에는 텔레비전을 보거나 라디오를 듣는 일도 어렵고 전화도 거의 불통이었기 때문에 당시 저는 모두가 문제를 과장한다고 생각했습니다. 저희 가족은 모두 무사했고, 집도 회사도 피해가 경미했으니까요. 물론 사옥 내부는 발을 들여놓을 수도 없는 상황이었지만 건물은 온전했습니다. 컴퓨터도 쓰러지기만 했을 뿐 전기가 들어오자 이상 없이 작동했고 다행히 고객 관리 데이터도 손실되지 않았습니다. 지금 생각하면 운이 좋았습니다.

그런데 심상치 않다고 생각한 것은 그날 늦게 전기가 들어와 텔레비전 뉴스를 보고 나서부터였습니다. 시일이 지나면서 차차 저희 회사도 창고가 파괴되는 바람에 밸런타인데이 때 판매하려고 비축해 두었던 상품이 전부 못 쓰게 되었고, 재해를 당한 직원들의 생사조차 확인할 수 없는 상태라는 것을 알게 되었습니다. 게다가 지진 직후 물류 시설이 마비되어 원료 조달이나 상품 공급이 제대로 이루어지지 않았고 조업은 언제 재개될지 예측할 수도 없었습니다. 그야말로 엄청난 위기를 마주한 상황이었습니다.

역시나 다음 날 회사에 갔더니 나오지 못한 직원들이 많았습니다. 그래서 저는 간신히 출근한 몇몇 직원에게 세 가지 지시 사항을 내렸습니다. 우선 다른 직원들의 생사를 확인하고, 관리자급 이상의 간부들을 주력 공장에 모이게 하고, 지진 피해자들에게 당사 제품을 기부하라는 것이었습니다. 하지만 교통 사정이 원활치 않아서 간부들이 공장에 모이기는 어려웠습니다. 저는 무사하다면 무슨 일이 있어도 오라고 거듭 지시했고 결국 사흘째가 된 날에야 겨우 조직 차원의 대응이 가능해졌습니다. 그때 본격적으로 대책 마련에 착수했지요.

간신히 공장에서 생산을 재개하고 제품을 출하하게 되었는데, 이번에는 지진 피해 때문에 자사 상품의 재고가동이 났다는 소문이 퍼지기 시작했습니다. 당시 저희 제품은 전국의 슈퍼마켓에서 판매되고 있었기에 그 이야기를 듣고는 무슨 일이 있어도 상품 공급이 끊겨서는 안 되며, 조금 무리해서라도 생산에 최선을 다하자고 독려했습니다. 그렇게 단골 거래처에 최우선으로 상품을 공급할 수 있도록 전 직원이 힘쓴 끝에 겨우 위기를 넘길 수 있었습니다.

제가 여기까지 올 수 있었던 것은 무엇보다 저를 지지해 준 직원들의 노력 덕분입니다. 피해를 입은 직원들의 생사를 확인해 보니 다행히 직원들과 그 가족 중에는 기적처럼 사망자가 없었고, 그때 무사했던 직원들이 잠도 자지 않고 쉬지도 않으면서 가장 시급한 구제 활동에 발 벗고 나서주었습니다. 또한 이웃과 세이와주쿠의 동료들에게도 큰 도움을 받았습니다. 그 일을 통해서 원래의 라이프라인Lifeline(교통, 통신, 전력 등 생활을 유지하는 데 필요한 여러 시설)은 수도나 전기지만, 위기 상황에서의 라이프라인은 주변 사람들과의 관계라는 것을 새삼 깨닫게 되었고 지금까지도 마음속 깊이 감사하고 있습니다.

하지만 제가 위기 상황에서 망설임 없이 여러 판단을 내리며 척척 지시할 수 있었던 것은 아닙니다. 정보가 거의 없는 상황에서 연달아 어려운 판단을 내려야 했고, 그래서 지금 생각하면 아쉬운 일투성이입니다. 그때만큼 경영자의 역량을 시험받은 적이 없었던 것 같습니다. 그래서 마지막으로 학장님께 여쭙고 싶은 것이 있습니다.

첫째, 이렇게 자신이 본 것에만 의지해서 판단을 내려야 하는 위급 상황에서도 경영자는 올바른 판단을 내려야만 합니다. 이때는 오로지 직감에 의지할 수밖에 없다고 생각하는데 과연 그 직감이란 후천적으로 기를 수 있는 것일까요?

둘째, 부끄러운 이야기입니다만 저는 재해 당시 상황을 파악하는 과정에서 큰 공포에 휩싸였습니다. 그때 과연 냉정한 판단을 내렸는지 돌이켜 보면 지금도 확신할 수 없습니다. 위기가 닥쳤을 때 경영자는 어떤 마음자세를 지녀야 할까요?

마지막으로 이러한 재난 자체를 어떻게 받아들여야 하는지 알고 싶습니다. 아무쪼록 비상사태에서 어떻게 경영을 해야 하는지, 그리고 어떻게 해야 위기를 극복할 수 있는지 그 방법에 관해 조언을 부탁드립니다.

[ 答 ]

## "결과는 긍정적으로 바라보느냐,
## 부정적으로 바라보느냐에 따라 달라집니다."

우선 지진 재해로 돌아가신 분들의 명복을 빌며 피해를 입은 모든 분에게 다시 한번 위로의 말씀을 올립니다. 귀하는 큰 재해를 만나 힘든 역경을 헤쳐오셨군요. 여러 가지 질문을 받았는데, 귀하와 같은 경험을 하지 못한 내가 적확한 조언을 할 수 있을지 걱정스럽기도 합니다.

우선 첫 번째 질문입니다. 재해를 입었을 때는 그 어느 때보다도 적확한 판단력이 필요한데 그 판단을 내리기 위한 직감력을 어떻게 하면 키울 수 있느냐고 물어보셨지요. 그러나 원래 직감력이란 재해를 당했을 때 발휘되고 길러지는 게 아니라 경영자가 평소에 일을 하면서 길러지는 것입니다. 과거에 경영자가 내린 판단이 집약되어 회사의 현재 역량과 실적이 있는 것입니다. 세 번은 올바른 판단을 했지만 두 번은 실패했다면 회사는 큰 성장을 이룰 수 없습니다. 그래서 경영자는 재해 때는 물론이고 평상시에도 항상 올바른 판단을 내려야 합니다. 반대로 말하면, 우리 경영자들은 한 치의 실수가 허용되지 않는 판단을 끊임없이 요구받고 있는 것입니다.

그렇다면 직감력, 즉 판단력을 높이려면 어떻게 해야 할까요? 철학자 나카무라 덴푸 선생은 "인간의 행동에는 유의주의有意注意와 무의주의無意注意가 있으며, 마음을 다해 자신의 의식을 쏟아붓는 '유의주의의 인생'이 중요하다"라고 강조했습니다.

경영자는 일반적으로 어떤 판단을 내릴 때 사소한 판단인 경우 가볍게 여겨 부하에게 맡기고 중요하다고 생각하는 안건만 신중히 검토하곤 합니다. 하지만 판단이란 크건 작건 모두 중요합니다. 평소에 안일한 태도로 적당히 판단하는 습관을 들이면 막상 중요한 일을 결정할 때 올바른 판단을 내릴 수 없습니다. 유의주의를 습관화하며 일해야 무슨 일이 생기더라도 직감력을 발휘할 수 있지요. 그러려면 먼저 의식을 집중해 판단해야 한다는 것을 잊지 말아야 합니다. 이 말을 명심하고 끊임없이 습관으로 익혀나가면 됩니다.

나는 회사 내에서도 무언가 하는 김에 업무 보고를 한다거나 복도에서 스쳐 지나가면서 보고하는 사람이 있으면 엄격하게 꾸짖습니다. 그때는 내가 어떤 다른 목적을 위해 행동하던 중이기 때문에 주의가 산만하게 흐트러져 있는데, 그 상태에서 느닷없이 다른 이야기를 듣고 판단하는 것은 매우 위험하기 때문입니다.

예리한 판단력을 갖추는 데는 하루하루의 유의주의가 중요합니다. 그 어떤 사소한 일이라도 진지하게 임하고 깊이 생각하는 습관을 들여야만 판단력과 직감력을 기를 수 있습니다. 나는 회사를 창업한 이래 정말 진지한 자세로 모든 일을 판단해 왔습니다. 그 결과 스스로도 놀랄 정도로 설득력 있는 결론을 이끌어내 부하 직원에게 설명할 수 있었습니다. 한순간도 긴장을 풀지 않고 엄청난 집중력으로 일해왔기 때문에 자연스럽게 몸에 밴 것이라고 생각합니다.

다음은 위기에 처했을 때 경영자는 어떤 마음가짐을 가져야 하는지, 그리고 공포심을 이겨내려면 어떻게 해야 좋을지 질문하셨습니다. 결론부터 말하자면 '용기를 갖고 일하는 것'밖에 없다고 생각합니다.

우선 마음을 안정시켜야 합니다. 그리고 용기를 갖고 일하면서 결코 비겁한 행동을 하지 않는 것이 가장 중요합니다. 당장의 상황을 모면하려고 임시방편을 강구해서는 안 됩니다. 또한 아무리 혼란스럽고 힘든 일이 있더라도 겸허한 마음을 유지해야 합니다. 겸허한 마음으로 일에 열중하면 그러한 상황에서도 분명히 배울 점이 있을 것입니다. 그러고 나서 신이 우리를 보호하고 지켜주기를 간절히 믿으면 됩니다.

하지만 나는 이러한 참담한 재해를 만났는데도 공포심이 일지 않는다면 그것이 오히려 이상하다고 생각합니다. 특히 앞에서도 말했듯이 유의주의, 즉 자신의 목적에 의식을 집중하는 사람이라면 신경이 예민할 수밖에 없으니 공포심이 생기는 건 당연합니다.

나도 원래 겁이 많은 사람이었습니다. 진지하게 온 힘을 다해야 하는 역경을 수차례 겪으면서 담력이 생긴 것이지요. 이 또한 평소부터 훈련이 필요하지만 공포심은 최고경영자로서의 의무감, 더 이상 뒤로 물러날 수 없다는 책임감만 있다면 충분히 제어할 수 있습니다.

마지막으로 재난을 어떻게 받아들여야 하느냐는 질문입니다. 예전부터 나는 이렇게 말해왔습니다.

"재난이 닥쳤다는 것은 전생을 포함해 과거에 자신의

혼이 축적해 온 업이 사라지는 것입니다."

'업業'이란 '카르마Karma'라고도 하는데 '원인' 또는 '인연'을 뜻합니다. 그래서 나는 재난을 만나면 기뻐하라고 말하곤 합니다.

귀하는 크나큰 재해에 맞닥뜨렸는데도 자신과 가족이 무사해서 운이 좋았고, 직원들과 그들의 가족 중 사망자가 나오지 않아서 행운이었다고 말했습니다. 이러한 사고는 무척 바람직합니다. 귀하는 재난을 만난 것은 어쩔 수 없는 일이었다고 딱 잘라 결론짓고, 조금도 비관하거나 절망하지 않고 '오히려 이 정도로 넘어갈 수 있어서 다행이고, 업이 사라져서 다행'이라고 생각했기 때문입니다.

게다가 귀하는 감사하는 마음이 들었다고도 말했지요. 이 또한 중요합니다. 감사하는 마음은 인간이 타인을 위한 행동을 실천할 수 있게 이끌어주니까요. 이타적인 행동의 실천은 인간에게 멋진 인생을 가져다줍니다. 귀하는 자기 자신이 큰 불행에 처했는데도 눈앞에 있는 타인이 더 가엾게 느껴져 어떻게든 도와주고 싶다는 마음이 저절로 샘솟았다고 말했습니다. 그러한 실천을 계속하면 귀하의 운명은 반드시 멋지게 전개될 것입니다.

이는 내가 항상 강조하는 '인생의 방정식(인생과 일의 결과=사고방식×열의×능력)'으로도 증명할 수 있습니다. 즉, 재난을 겪는 과정에서 능력은 달라지지 않아도, 전보다 열의가 훨씬 더 커지고 감사할 줄 아는 사고방식에 눈을 뜨면서 이타심으로 넘쳐나게 되기 때문에 결과가 좋게 나타나는 것이지요.

결국 인생은 재난을 어떻게 받아들이느냐에 따라 달라집니다. 이것이 결과를 결정하는 분수령입니다. 재난을 극복하는 비결은 '긍정적인 사고방식'입니다. 재난을 만났을 때 부정적인 사고에 사로잡히면 공포심 때문에 정신적으로 무척 쇠약해집니다. 그렇게 되면 다른 사람에게 도움을 받기만 하는 처지가 되어 더 이상 성장하지 못하지요. 귀하도 이런 말을 들어보셨을 것입니다.


"성공하는 사람은 반드시 생사를 오갈 정도로 큰 병을 앓았거나 깊은 좌절을 경험했다. 성공한 사람이라고 해서 결코 행운으로만 가득 찬 탄탄대로의 인생을 걸어온 것은 아니다."

현 파나소닉의 전신인 마쓰시타전기의 창업자 마쓰시타 고노스케 회장도 "혈뇨를 경험해 보지 못한 사람은 성공한 경영자가 될 수 없다"라고 말했습니다. 치열하게 고민하고 역경을 극복한 사람만이 강인한 정신력을 기를 수 있고 결국 더 강해지는 법입니다.

재해나 재난을 긍정적으로 받아들이느냐, 부정적으로 받아들이느냐에 따라 인생은 180도 달라질 수밖에 없습니다. 이 사실은 역사에서 '기적'이라고 회자되는 성공 사례나 밑바닥에서부터 시작해 성공해 낸 사람들의 이야기에서도 공통으로 찾아볼 수 있습니다.

재난과 위기를 오히려 행운이라고 받아들이면 인생이 달라집니다. 긍정적인 사고와 태도로 살아가면 하늘이 보살펴줄 것이라 믿고, 반드시 밝은 마음가짐으로 노력하길 바랍니다.

# 2장

땅바닥을 기어서라도 현장으로 가라

경영을 비행기 조종에 비유한다면 회계 데이터는 조종석 계기판에 나타나는 숫자에 해당한다. 계기판은 경영자인 기장에게 시시각각 변화하는 기체의 고도와 속도, 자세, 방향을 즉시 정확하게 보여주어야 한다. 그와 같은 계기판이 없다면 지금 비행기가 어느 곳을 비행하고 있는지, 어떤 상태로 비행하고 있는지 모르기 때문에 제대로 된 조종을 할 수 없다. 그러기 위해서는 먼저 경영자 자신이 '회계'라는 것을 잘 이해해야 한다. 계기판에 표시된 숫자가 무엇을 의미하는지를 손바닥 들여다보듯 이해하지 못한다면 진정한 경영자라고 말할 수 없기 때문이다.

# 현장경영을
# 관철하라

●

[ 問 ]

**"회사가 발전할 수 있는 기업 문화를 만들려면
어떻게 해야 할까요?"**

저는 OEM 방식으로 생산하는 식품 가공업을 하고 있으며, 정직원 약 40명과 파트타이머 약 70명을 두고 있습니다. 그런데 최근에 매출과 이익이 모두 하락세를 보이고 있고, 특히 손익이 적자로 돌아선 상태이기 때문에 하루빨리 실적을 회복해야 하는 과제를 안고 있습니다. 그래서 회사가 성장하고 발전하기 위한 기업 문화를 만들려면 어떻게 해야 하는지를 여쭤보고 싶습니다.

저는 3세 경영자로 약 5년 전 아버지에게 사업을 물려받았습니다. 직접 경영해 보니 회사의 성과는 제조 현장과 영업 현장, 또는 사무 부문에 있는 직원들이 크게 좌우한다는 것을 알 수 있었습니다. 그렇기에 부하 직원들과 생각을 공유하고 서로를 이해하는 인간적인 유대관계가 필요하며, 경영에는 '마음 자세'처럼 철학적인 요소가 중요하다고 믿게 되었습니다.

그래서 사장에 취임한 이후 사회 공헌을 지향하는 경영 이념을 내걸고 전 직원이 하나가 되어 적극적이고 과감하게 행동하는 기업 문화를 조성하는 것을 목표로 삼았습니다. 특히 철저한 업무 방식을 추구하는 이념을 회사에 심고자, 조례나 회의 때는 특별히 시간을 들여가며 직원들을 설득해 왔습니다.

하지만 직원들의 태도는 제 이상과는 너무나도 동떨어져 있습니다. 업계의 불황이 계속되어 회사가 어려운 상황인데도 회의 중에 적극적으로 나서지 않을뿐더러 업무 수행과 결과에 대해서는 변명하기 급급하고 책임감이 부족합니다. 건설적인 사풍을 만들기 위해 밤낮으로 노력에 노력을 거듭하고 있지만 이렇다 할 성과가 보이질 않습니다.

물론 제 능력 부족이 원인이겠지만, 저도 아버지에게 물려받은 업계의 공직을 수행하느라 관련 모임에 참석하고 방문객을 응대하는 등 눈코 뜰 새 없이 바쁜 와중에도 온 힘을 다해 애쓰고 있습니다. 아무쪼록 직원들의 마음을 사로잡는 데 중요한 것은 무엇인지, 그리고 직원들의 마음을 움직일 수 있는 기업 문화를 만들려면 제가 무엇을 공부하고 어떻게 행동해야 할지 조언해 주십시오.


[ 答 ]
### "지금 당장 현장으로 가십시오."

귀하는 3세 경영자로서 여러모로 연구하고 훌륭한 경영 문화를 만들기 위해 노력하고 있군요. 하지만 귀하가 지금 해야 할 일은 기업 문화를 철저하게 세우는 것이 아니라 '현장'을 정확하게 파악하는 일입니다.

귀하는 일의 성과가 각 제조 현장과 영업 현장 또는 사무 현장에서 나온다고 했습니다. 즉, 현장이 중요하다는 말인데 분명 이는 맞는 말입니다. 하지만 그 성과를 그곳에서 일하는 직원들이 좌우한다는 말에는 동의하지 않습니다. 이러한 사고는 당치 않습니다. 성과를 얻기 위해서는 직원이 아니라 우선 귀하 자신이 현장에 가서 모든 업무를 파악해야 합니다. 경영에서 이익은 항상 현장에서 나오기 때문이지요.

귀하의 회사는 OEM 방식으로 납품하고 있으니 애초에 수익성이 낮을 수밖에 없습니다. 그래서 구매하는 재료 원가가 중요하고 생산성이 높아야만 합니다. 그런데 누구보다 현장에 정통해야 할 경영자가 사무실에만 앉아 있는 것입니다. 바로 그 점이 문제입니다.

귀하는 재료 구매 단가를 철저히 검토하고, 동종 경쟁업체들은 잘 모르는 저렴한 구입처를 찾아서 직접 트럭을 몰고 나가서라도 재료를 매입해야 합니다. 사장이 발품을 팔아 다른 데보다 저렴한 재료를, 누구보다도 저렴한 비용으로 사 와야 하는 것이지요. 그런데 지금 경영자인 귀하의 시선이 정작 제일 중요한 '현장'에 닿아 있지 않습니다. 그러니 실적이 점점 악화될 수밖에 없는 것입니다.

기업 문화는 매일매일 경영 현장에서 업무 관리가 엄격하게 이루어져야 비로소 생겨나는 것이며 경영자가 현장에 정통하지 않고서는 경영 이념과 기업 문화를 아무리 강조한들 의미가 없습니다. 분명 귀하의 회사 직원들은 현장에 대해 잘 알지도 못하는 풋내기 사장이 어디서 주워들은 그럴싸한 이념만 떠들어대고 있다고 내심 우습게 여기고 있을 것입니다. 귀하가 바쁘다고 열거한 이유가 바로 그 증거입니다. 업계의 공직 수행이나 손님 접대, 회의 등으로 일정이 꽉 차 있다고 하셨지요. 귀하에게서는 현장을 중시하는 경영관은 찾아볼 수가 없습니다.

이는 창업자에게 회사를 물려받은 후계 경영자들에게서 자주 볼 수 있는 현상입니다. 일반적으로 2세, 3세 사장들은 선대 사장에게서 거시적인 관점의 경영 철학만 배울 뿐, 미시적인 관점의 현장 경영에 관해서는 배우지 않아서 잘 모르는 경우가 많더군요.

창업자들은 자신이 고생해서 회사를 키운 만큼 현장의 세세한 일부터 회사 전체의 일까지 전부 꿰고 있지만 회사를 물려받은 후계 경영자는 그렇지 못합니다. 그래서 더욱 부지런히 현장에 가서 실태를 파악해야 합니다. 현장을 제대로 알지 못한다면 어떤 경영 철학을 배운들 전부 소용이 없습니다.

지금도 늦지 않았습니다. 직접 현장에 나가서 현장의 상태를 세세히 파악해 기본부터 단단히 갖춘 상황에서 위기감을 불러일으켜야 회사를 다시 일으킬 수 있습니다.

나는 평소에 "경영에는 철학이 필요하다"라고 강조해왔습니다. 경영 철학과 기업 문화가 왜 필요한지를 지금 이야기하려 합니다. 최고경영자는 누구보다도 현장을 정확히 알고 있어야 합니다. 더욱이 누구보다도 더 많이 일해야 하며 누구보다도 엄격한 존재여야 합니다. 회사에 생명을 불어넣을 수 있는 존재는 최고경영자뿐이기 때문입니다.

하지만 직원들에게 무작정 엄격한 요구만 하면 인간관계가 삐걱거리기 쉽습니다. 바로 그때 왜 그렇게 직원들에게 까다로운 요구를 하며 엄격하게 대하는 것인지를 설명해야 합니다. 즉, 그 답이 경영 철학과 기업 문화입니다. 내가 창업 초기부터 내세운 이념은 단순했습니다.

"전 직원의 행복을 물심양면으로 추구하며 동시에 인류의 진보와 발전에 공헌한다."

이처럼 나의 목표와 철학을 분명히 이야기했기에 나는 뜻을 함께하는 직원에게 불만을 솔직히 말할 수 있었습니다.

"나는 직원 모두의 행복을 위해서 누구에게도 지지 않을 만큼 노력하고 있네. 그런데 당신의 태도는 그게 무엇인가? 그런 무책임한 행동은 결코 용납할 수 없네."

꽤 신랄하게 말했습니다만, 앞으로는 직원들 사이에서 다음과 같은 말이 나오도록 더욱더 분발하시길 바랍니다.

"우리 사장님, 웬일인지 요즘은 아침부터 쭉 현장에 나와서 이것저것 꼼꼼히 살펴보는 것 같더니만 회의에 들어가 보니까 현장 상황에 딱 맞게 지시를 척척 내리시지 뭐야. 우리가 더 힘들어지겠는걸."

# 가격 결정이
# 곧 경영이다

●

## "저수익 상황에서 벗어나려면 어떻게 해야 할까요?"

저희 회사는 포장 관련 상품을 제조해서 판매하고 있습니다. 창업한 지 100년도 훨씬 넘은 회사로, 1928년에는 남들보다 앞서 독일에서 기계를 수입해 종이봉투의 대량 생산 체제를 도입하기도 했습니다. 그래서인지 이나모리 학장님이 학생 시절에 자전거를 타고 종이봉투를 팔러 다니셨다는 이야기를 듣고 무언가 인연처럼 느껴져 반가

웠지요.

　이번에는 저희 회사의 수익성을 개선하려면 어떻게 해야 하는지에 관해 가르침을 받고 싶어 실례를 무릅쓰고 질문을 드립니다.

　저는 선대 사장의 갑작스러운 타계로 4대 사장직을 잇게 되었습니다. 당시 포장 업계는 저렴한 화학 합성 제품에 수요를 빼앗겨 도산하는 회사가 여럿 나올 만큼 위기에 처해 있었습니다. 저는 회사를 다시 일으키려면 과당경쟁을 피할 수 있는 신상품을 개발하는 수밖에 없다고 판단하여 디자인이 좋은 친환경 상품을 중심으로 자사 브랜드를 개발하기로 결정했습니다.

　그렇게 온 힘을 다해 노력한 결과 물기 압착 봉투, 전기 청소기용 종이팩과 기름흡수팩, 멸균팩 등 새로운 상품을 잇달아 출시했습니다. 현재 이 친환경 상품들의 매출은 연 44억 엔까지 올라 전체 매출의 25%를 차지할 정도로 성장했습니다. 이 효자 상품들 덕에 사장 취임 후 7년 동안 매출은 159%나 올랐습니다. 그런데도 이익은 아직도 손익분기점에 가까운 2% 수준으로, 제가 사장으로 취임했던 때와 별반 차이가 없습니다.

사실 워낙 힘든 상태로 출발했기에 이익률에 대해서는 반쯤 포기한 상태이기도 했습니다. 경영자로서 중요한 목표 의식과 투혼 정신이 부족했던 점은 반성하고 있습니다. 앞으로는 경영 이익률 7% 달성을 목표로 도전하고 싶습니다. 어떻게 하면 저수익 상황에서 벗어날 수 있을지 부디 조언해 주시길 부탁드립니다.


## [ 答 ]

### "가격 결정 자체가 경영이라는 점을 명심하세요."

---

나의 선친도 전쟁 전에 자동기계를 구입해 종이봉투를 만드는 일을 하셨는데 정말 남다른 인연이 있는 것 같아 기쁘군요.

귀하가 한 질문의 요지는 매출은 그리 나쁘지 않은데 이익률이 오르지 않아 이를 개선하고 싶다는 것입니다. 귀하가 가져온 상품을 직접 보고 기술자로서도 굉장히 흥미를 느꼈습니다. 앞으로도 계속해서 이런 상품을 만들어내면 좋겠습니다.

그래서 조언을 드리자면, 실은 귀하의 회사는 가격 설정에 문제가 있습니다. 우선 한 가지 묻겠습니다.

"귀하는 신상품의 가격을 직접 결정했습니까? 아니면 부하 직원이 자료로 만들어 온 원가를 기준으로 결정했습니까?"

경쟁 상품을 만드는 동종업자가 있다면 모르겠지만, 이렇게 경쟁 상품이 없는 신제품은 원가를 기준으로 가격을 책정해서는 안 됩니다. 신제품은 그 고유의 가치에 고객이 만족을 얻는 것이므로 '사용자가 상품 가격이 얼마라면 구매를 할 것인가?'를 묻고 그 상한선을 생각해 가격을 설정해야 합니다. 귀하의 실수는 애초에 매출총이익을 별로 낼 수 없는 가격으로 결정한 데 있습니다.

가격 결정은 매우 중요합니다. 이익을 낼 수 있는 적정가를 결정하는 일은 바늘구멍에 실을 꿰는 것만큼이나 어렵습니다. 가격이 너무 비싸면 팔리지 않고, 너무 싸면 팔려도 이익이 나지 않으니까요. 이상적인 가격은 '고객이 허용하는 범위 내에서의 최고가'이므로 그것은 딱 한 지점밖에 없습니다. 게다가 가격은 한번 결정하면 쉽게 인상할 수 없으므로 처음 가격을 잘못 정하면 아무리 열심히 팔아도 이익이 많이 남지 않습니다. 그렇기에 가격은 경영자가 판단해 결정해야 합니다. '가격 결정이 곧 경영'이라는 사실을 꼭 명심하기 바랍니다.

또한 판매량을 늘리기 위해 어쩔 수 없이 가격을 인하할 때도 가격 결정을 부하에게 맡겨선 안 됩니다. 나는 영업 사원들에게 이렇게 강조하곤 합니다.

"싸게 팔면 누구나 다 팔 수 있네. 하지만 그렇게 해서는 회사에 이익이 나지 않지. 그러므로 고객이 인정하는 최고의 가격으로 많이 팔 수 있는 사람을 영업 사원이라고 하는 걸세."

영업 책임자가 앞장서서 파격적인 가격 인하를 꾀해봤자 이익이 날 리 없습니다. 그러니 반드시 경영자가 영업의 제일선에 나서 확실히 지도해야 합니다.

애써 경쟁업자와 차별화된 신상품을 만들어놓고도 수익성이 개선되지 않는 까닭은 아까 말한 것처럼 가격 설정에 실패했기 때문입니다. 한번 책정한 상품 가격을 다시 인상하기는 불가능합니다. 현재 귀하가 할 수 있는 방법은 경영 합리화를 통한 원가 절감밖에 없습니다.

원가 절감에 성공하려면 노력이라는 기준에 한계가 없

다는 것을 강렬히 인식해야 합니다. 아마 귀하가 제조 현장에 원가를 5% 절감하라고 지시하면 분명 이런 대답이 돌아올 것입니다.

"지금의 원가도 엄청나게 노력해 맞춘 것입니다. 업계에서도 이 원가는 최저 수준이에요."

즉, 상식의 한계가 귀하를 가로막고 있는 것입니다. 오랜 습관이나 선대부터 지켜온 규칙, 그리고 업계의 상식 같은 것들을 다시 돌아보고 검토하십시오. 한마디로 '상식'이라 일컬어지는 모든 것을 의심해야 합니다.

엔화 강세를 예로 들어봅시다. 환율이 10% 상승했다고 해서 곧바로 가격을 올릴 수는 없습니다. 그래도 어느 정도 시간이 지나면 제조 원가가 낮아지는 사례는 일일이 열거할 수 없을 만큼 많습니다. 그 비결을 물어보면 "피나는 노력을 해서 결국 원가를 낮췄습니다"라는 대답이 돌아옵니다.

그렇다면 그 피나는 노력을 더 일찍 할 수는 없을까요? 가령 달러 대 환율이 120엔일 때 100엔이라고 생각하고 임한다면 20% 정도 원가를 절감할 수 있습니다. 환경이 변하면 한순간에 깨져버리는 상식은 어디든지 있습니다.

우선 '가격 설정'이 중요합니다. 가격을 얼마로 책정할지를 경영자가 결정하는 것입니다. 그런 다음에는 가격을 인하하지 말고 원가를 낮추려고 노력해 보세요. 수익률을 개선하려면 이 점을 다시 살펴봐야 합니다.

# 눈앞의 작은 이익에
# 안주하지 마라

●

[ 問 ]

## "직원들에게 어떻게 이익을 분배해야 좋을까요?"

저는 아버지가 시작한 포도 농장을 물려받은 후 레스토랑과 양과자점 경영에 착수하는 등 사업 영역을 확대해 왔습니다. 처음에는 연 매출 800만 엔 정도의 규모였지만 약 20년 만에 매출 4억 엔에 직원 수 20명 규모의 회사로 성장했습니다.

아직 대출금도 많이 남아 있는 상황에 이런 질문을 드

리면 꾸지람을 들을지도 모르지만, 적은 금액이긴 하나 그래도 이익이 발생하는 흑자 체제로 전환되었기에 지금까지 함께 애써온 직원들에게도 조금은 이익을 분배하고 싶습니다. 하지만 많은 점포를 운영하고 있는 데다 내부 유보 자금을 확보해야 하는 상황이기에 어떻게 균형을 맞춰야 할지가 고민입니다.

저희 회사의 목표인 연 매출 10억 엔을 달성하려면 앞으로 3년 이내에 3억 엔 정도를 더 투자해야 하는데 전액을 대출로 충당할 수는 없으니 가능하다면 1억 엔 정도는 내부 유보금으로 충당할 계획이거든요.

그전에는 경영이란 재미있으면 되는 것이니 즐겁게 일하자고 생각했습니다만, 세이와주쿠에 들어와 이나모리 학장님께서 "경영에는 경영자의 철학이 투영되기 마련입니다. 즐겁게 경영하고자 하면 즐거움이라는 결과밖에 얻을 수 없습니다"라고 하신 말씀을 듣고 '직원들의 고용 안정을 책임지는 경영'을 목표로 이익을 개선하려고 노력해 왔습니다. 그 결과 전 분기에는 조금이나마 이익을 남길 수 있었고 이번 분기에는 거의 10%의 이익을 얻을 정도까지 다다랐습니다.

노력해 준 직원들에게 얼마간의 이익을 분배해 주고 싶고, 또 내부 유보금도 확보해야 하는데 이러한 상황에서 그 균형을 어떻게 잡아야 할지 마땅한 지표가 없어 고민입니다. 기본적으로 내부 유보금을 우선시해 경영의 안정화를 도모해야 한다고 생각합니다만 이익의 30% 정도는 직원들에게 나눠 줘도 좋지 않을까요. 학장님의 고견을 듣고 싶습니다.


[ 答 ]

**"작은 이익에 안주하지 말고**

**회사를 성장시키는 것을 우선하세요."**

---

나는 평소에 유통이든 제조든 업종에 상관없이 "세전 이익이 매출액의 약 10%가 되지 않으면 사업이 아니다"라고 말해왔습니다. 귀하는 그 기준을 충실히 지켜서 현재 10%의 세전 이익을 내고 있다니 무척 훌륭합니다. 하지만 나는 매출액 대비 10%의 세전 이익은 최소한의 요율일 뿐, 결코 목표 지점이라고 생각하지 않습니다.

지금까지는 거의 이익을 내지 못하다가 10%의 이익을 얻으면 무언가 폭리를 취한 것 같기도 하고, 엄청나게 많이 번 것처럼 느껴질 수도 있습니다. 하지만 이익이 났다고 해도 모두 알다시피 그 절반은 세금으로 내야 합니다. 중소기업이라도 마찬가지지요. 회사에 남는 실질적인 이익은 그 절반밖에 되지 않습니다.

　그래서 중소기업의 경우 이익은 미래에 직원들의 임금 인상을 대비하는 자금에 지나지 않는다고 생각해야 합니다. 대기업이라면 정년퇴직을 하는 인원과 새로 입사하는 인원의 수가 비슷해서 임금을 다소 인상하더라도 전체 임금은 크게 달라지지 않습니다. 그런데 귀하처럼 기업 이력이 짧은 회사는 정년 퇴직자가 없기 때문에 임금 인상이 즉시 비용 증가로 이어지니 상황이 다릅니다. 예를 들어 매출 대비 인건비 비율이 40%인 회사가 매년 임금을 5% 인상한다면 그 비용은 연간 매출의 2%에 해당합니다. 만약 매출액과 이익금에 별 변동이 없으면 다음 해의 임금은 매출 대비 2% 상승하므로 이익률은 8%로 줄어드는 것이지요. 이런 식으로 4, 5년이 지나면 이익금이 전혀 없는 상황이 되고 맙니다.

다시 말해 10%의 세전 이익이 있다는 것은 앞으로 약 5년간 평균적인 급여를 지급할 수 있다는 보증에 지나지 않습니다. 그러므로 귀하가 다른 회사만큼 급여를 지급하고 있고 상·하반기에 상여금도 지급하며 정상적으로 임금 인상을 실시하고 있다면 이익금이 조금 있다고 해서 즉시 이익을 배분해야 할 필요는 없습니다.

다만 직원들이 지금까지 함께 애써줘서 이만큼 성과를 얻었으니, 어떻게든 이익을 배분해서 직원들을 기쁘게 하고 싶다는 마음은 이해합니다. 그렇다면 분배의 기준을 이렇게 제시해 볼 수 있습니다. 세전 이익이 10% 발생한다고 전제하고 이익금의 10%, 즉 매출액의 1%를 특별 상여금으로 직원들에게 지급하는 것입니다. 이렇게 말하면 너무 적다고 생각하실지 모르겠지만 절대 그렇지 않습니다. 귀하가 말한 대로 이익의 30%, 즉 매출액의 3%를 상여금으로 배분해 지급한다면 남은 70%의 이익에 세금이 부과되므로 회사에 남는 이익은 매출액의 절반인 3.5%가 됩니다. 즉, 직원들에게 지급한 특별 상여와 이익은 각각 3%와 3.5%가 되므로 거의 같아지는 것이지요. 이런 경우를 세간에서는 '성과급 잔치'라고 부르지요.

다음으로 내부 유보금에 관해 이야기해 봅시다. 앞으로도 5억 엔 정도의 연 매출에서 10%의 세전 이익이 발생한다면 세금 공제 후 2000만 엔 이상이 남으니 5년이 지나면 목표한 1억 엔에 도달할 것입니다. 게다가 지금과 같은 이익증가율이 유지되면 5년이 아니라 3년 후쯤이면 도달할 수 있습니다. 세후 이익뿐만 아니라 설비에 대한 감가상각비도 재투자 자금으로 생각하면 설비 투자 예정액 3억 엔의 절반 정도는 자기자금으로 충당할 수 있다는 계산이 나옵니다.

따라서 귀하는 앞으로 매출이 증가해도 매출액 대비 세전 이익률을 10% 선에서 확보하는 것이 중요합니다. 그러면 직원들에게도 세전 이익의 10% 정도를 상여금으로 지급할 수 있을 것입니다.

"이익이 없으면 사업이 아니다"라는 말이 있습니다. 이익을 내지 못하는 사업은 이 세상에 없습니다. 이익을 내지 못한다면, 처음부터 돈을 못 벌 것이라고 생각하면서 경영하는 경영자의 마음 자세에 문제가 있는 것입니다. 아주 작은 이익에 안주하지 말고 큰 목표를 설정해 회사를 성장시키십시오.

# 이익이 없으면
# 사업이 아니다

●

[  問  ]

## "회사가 급격히 성장할 때
## 설비 투자금을 어떻게 조달해야 할까요?"

저희 회사는 콘크리트 블록과 벽자재를 제조·판매하고
있습니다. 오늘은 설비에 투자할 자금을 어떻게 조달해야
하는지에 관해 조언을 얻고 싶습니다.

　저희 회사는 아버지가 1962년에 대기업의 하청업체로
창업한 뒤로 줄곧 순조롭게 매출을 늘려왔습니다. 그러던

중 발주사인 대기업의 요청으로 설비를 증설해 생산량을
두 배로 늘렸는데, 얼마 안 가 그 회사로부터 거래를 중
단하겠다는 일방적인 통보를 받았습니다. 지금으로부터
4년 전의 일입니다. 저는 그 무렵에 사장직을 물려받아
독자적으로 자사 제품을 제조하고 판매해 왔습니다.

　주 발주처가 갑작스럽게 거래를 중단하며 당시 회사
는 상당히 큰 타격을 받았습니다만, 상품의 종류를 줄이
고 판매처인 건축사무소를 대상으로 직판 체제를 구축한
끝에 당기까지 4년 동안 매출을 약 세 배로 끌어올렸습니
다. 이익도 3년 전부터 적자를 면하기 시작해 최근 몇 년
동안 2~3%로 증가 추이를 보였고, 이번에는 10%에 가
까운 당기 이익이 예상되어 절세 방안을 찾고 있습니다.

　저는 앞으로 3년 이내에 회사를 연 매출 30억 엔 규모
로 성장시키고자 합니다. 하지만 수주 상황이 호조를 이
루고 생산 설비를 풀가동한다고 가정하면 인력이 부족한
상황입니다. 매출 목표를 달성하려면 설비에 4억 엔 정도
를 투자해야 하고, 12명 정도를 새로 채용해 인력도 충원
해야 하는 상황입니다. 하지만 너무 급격히 성장하는 바
람에 운용 자금이 많이 사용되었고 그 탓에 재무 상황이

좋지 않아 고민입니다.

가능하다면 1, 2년 동안은 설비 투자를 미루고 싶은 것이 솔직한 심정입니다만, 현재의 생산 설비로는 매출 증가를 기대할 수 없습니다. 아무래도 현재 상황이 회사를 성장시킬 천재일우의 기회 같습니다. 그래서 이번 기회에 과감히 설비 투자를 단행하고 싶은데, 자금 조달을 어떻게 하면 좋을지 조언해 주시길 부탁드리겠습니다.


[ 답 ]
**"이익률 10%는 당연한 것입니다."**

---

귀하는 주 거래처가 갑자기 거래를 중단한 위기 상황에서 경영을 맡았는데도 회사를 훌륭히 이끌어 매출과 이익 모두 회복시켰군요. 게다가 현재의 수주 동향으로 볼 때 설비 투자만 하면 목표한 연 매출 30억 엔도 바라볼 수 있는 상황이라고 했고요. 하지만 담보 능력이 빈약해서 자금 조달에 어려움을 겪고 있는 것으로 판단됩니다.

결론부터 이야기하면 설비 투자와 인력 충원은 하지

않는 것이 좋겠습니다. 지금 귀하가 제일 먼저 해야 할 일은 회사의 수익성을 높이는 것입니다. 그럴 경우 세금 문제가 걱정된다고 했는데, 내가 세이와주쿠 입문 과정에서 첫 번째로 강조한 말을 기억하세요.

"세금은 경비라고 생각하라."

즉, 1억 엔을 남기고 싶다면 2억 엔의 이익을 내면 됩니다. 이것이 세이와주쿠에서 강조하는 '경영의 원점'입니다. 세금을 줄이거나 내지 않겠다는 임시방편적인 생각을 해서는 안 됩니다. 그런 회사는 영원히 중소기업에서 벗어나지 못해요. 회사가 영세하다고 해서 절세 방법만 궁리하니까 점점 더 회사가 작아지는 것입니다.

이런 사실을 토대로 우선 말씀드리고 싶은 것은, 유통이든 제조든 매출액의 10%를 세전 이익으로 내지 못하면 사업이 아니라는 점입니다. 10%의 이익도 내지 못하는 사업을 그대로 키우다가는 리스크가 커질 뿐입니다.

예를 들어, 연 매출액 20억 엔에 세전 이익이 10%라고 하면 상당히 큰돈을 벌었다고 생각할지 모릅니다. 하지만 그 이익금에서 절반이 세금으로 빠져나갑니다. 이익이 2억 엔이라면 1억 엔밖에 남지 않는 것이지요. 그런데 귀사처럼 연간 20억 엔이나 되는 매출을 내고 있고, 게다가 매출이 급증하고 있다면 당연히 외상 대금도 계속 쌓여 갈 것입니다. 경리 담당자가 어지간히 꼼꼼하지 않은 이상 외상 대금은 빠르게 회수되기 어렵지요. 그래서 매출은 신장해도 미수금이 쌓여 현금 운용에 어려움을 겪기 십상입니다.

이익률이 최저 수준인 데다가 현금 보유액도 적은 상황에서 설비 투자를 하기는 상당히 어렵습니다. 이익률이 높아야 설비 투자를 할 수 있다는 사실은 귀하도 잘 알고 있겠지요. 수익성이 높지 않으면 설령 자금 조달이 가능하더라도 감가상각비나 금리 부담을 견디지 못합니다. 따라서 실제로는 세후 이익의 범위에서만 설비 투자나 운용자금 확보를 기대할 수 있습니다.

나 역시 창업한 지 2, 3년쯤 지났을 무렵 금융기관에 대출을 신청했지만 담보가 없다고 거절당한 일이 있었습니다. 그때 내가 내세운 무기가 매출이익률이었습니다. 창업 첫해부터 매출이익률은 10% 정도 꾸준히 나왔기 때문에 나는 지점장과 직접 담판하러 가서 이렇게 설득했습니다.

"저희 같은 벤처형 기업은 담보가 없는 것이 당연하지 않습니까. 매출과 이익이라는 저희의 성과와 과거 실적을 평가해서 판단해 주십시오."

그렇게 해서 지점장에게서 대출 승인을 받아낼 수 있었습니다. 그때 돈을 빌릴 수 있었던 것은 당시 약 15%라는 이익률이 있었기 때문입니다.

귀사는 적자에서 벗어난 지 아직 몇 년도 지나지 않은 상태이며 이익률도 3%로 아주 낮습니다. 그런데 처음으로 10%가 나올지도 모르는 이익금마저 절세하려 하고 있습니다. 가까스로 얻은 이익까지 감추려고 하니까 은행의 신용을 얻을 수 없는 것입니다.

이제 막 두드러진 성장세를 보이는 때에 절호의 비즈니스 기회를 놓친 것처럼 느껴질지도 모르겠습니다만, 정말로 회사를 크게 키우고 싶다면 지금 기반을 다져야 합니다.

요즘 금융기관에서는 자산이 있어도 실적이 늘지 않는 회사보다 설령 자산이 없더라도 실적이 좋고 장래성이 있는 회사에 돈을 빌려주려고 합니다. 이익률을 높여서 회사의 신용을 쌓고, 비축한 이익금으로 다음에 설비 투자를 하는 방법이 훨씬 견실한 경영이라고 생각합니다.

# 회계를 모르고는
# 사업을 할 수 없다

●

[ 問 ]

## "사업 확장과 차입금 증가 문제를
## 어떻게 해결하면 될까요?"

저희 회사는 액체 화학제품 운송을 주력으로 하고 있습니다. 현재는 형이 아버지에게 사업을 물려받아 2대 사장으로 일하고 있습니다. 형은 적극적으로 투자를 실시해 사업을 확장하고 있는데, 저는 그 경영 방침에 의구심이 느껴져 학장님께 조언을 구하고자 합니다.

저희 회사는 현재 사장인 형의 경영 방침에 따라 5년 전쯤부터 잇달아 설비 투자를 감행해 왔습니다. 구체적으로 말하면 창고용 용지로 토지 두 곳을 매입했고 규슈에 운송 자회사를 설립했으며, 단골 고객사의 사업 확장에 발맞추어 화학제품 가공 공장을 세워 제조 부문까지 사업 영역을 확대하는 등 5년 동안 총 16억 엔의 투자 자금을 쏟아부었습니다.

그런데 문제는 이 금액이 전부 차입금이란 것입니다. 창고와 공장 용지 구입 비용이 10억 엔, 공장 설비 자금이 6억 엔이며 앞으로도 여기에 추가 차입이 불가피한 상황으로 보입니다.

이쪽 업계는 영세 기업이 난립하는 상황인지라 경쟁이 매우 치열합니다. 이 경쟁에서 살아남으려면 어느 정도 규모와 기반이 필요하고, 사업 확장을 해야 하는 것도 맞습니다. 물론 형의 선행 투자 덕분에 매출과 수익이 증가할 수 있었던 것은 사실입니다. 업계의 경쟁사들은 매출이 하락한 반면 저희 회사는 과거 3년 사이에 매출이 16억 엔에서 20억 엔으로 증가했고 이익도 5000만 엔에서 1억 6000만 엔으로 늘었습니다. 하지만 작년부터 가동하기 시작한 화학제품 공장은 매출과 이익 모두 목표 금액을 밑돌았고, 철석같이 믿고 있던 고객사로부터의 수주도 감소한 상태입니다.

저희 회사의 주력 사업인 운송업은 원래 이익률이 적어 이익을 내려면 꾸준히 일하는 수밖에 없습니다. 이뿐만 아니라 신규로 진출한 화학제품 제조도 기초 공정인 만큼 향후 저가의 수입품이 들어오면 경쟁에서 밀려날 염려가 있습니다. 이러한 상황에서 막대한 차입금으로 인한 이자 부담과 과대한 설비에서 발생하는 감가상각비 부담의 무게를 버텨낼 수 있을지 걱정입니다.

저는 한번 결정한 사업 확장 방침을 중단하더라도 차입금을 줄이고 회사의 기반을 충실하게 다진 다음에 사업 확대를 도모해야 한다고 생각해서 임원회에서도 자주 문제를 제기해 왔습니다. 하지만 형과 임원들이 상대도 하지 않고 무시해 버립니다. 그들을 설득하려면 어떻게 해야 할까요?

## "회계를 모르고 어찌 사업을 할 수 있겠습니까?"

귀하는 세이와주쿠에 들어와 공부하면서 기업 재무에 매우 보수적인 사고방식을 갖고 있는 내게 영향을 받아 '지나친 차입금은 죄악'이라는 인식이 생긴 것 같군요. 하지만 금리가 현재의 수준으로 유지된다면 형님이 선택한 방침이 꼭 틀린 것은 아닙니다. 회계 수치로 보기에 형님은 매출을 신장시켰을 뿐만 아니라 귀하가 걱정하는 감가상각비와 이자 부담을 감당하면서 이익률도 증가시키고 있기 때문입니다.

물론 설비 투자 속도가 너무 빠르다거나 차입금이 지나치게 많다는 귀하의 의견도 타당합니다. 하지만 분명 형님은 귀하보다 회계를 더 잘 알고 있으며 자신의 경영 방식에 자신감이 있는 것으로 보입니다. 그래서 귀하가 막연하게 회사가 위험한 상태라고 지적해도 귀를 기울이지 않는 것이지요.

귀하가 자금 운용 문제를 고민하는 만큼, 형님을 설득하고 싶다면 정확한 회계 분석 수치를 제시해야 합니다.

그러려면 귀하 자신이 회계 지식을 갖춰야 하고요. 구체적으로는 '손익계산서'를 볼 줄 알아야 합니다. 손익계산서를 분석하는 능력이 높아야 설득력이 생기니까요. 그러면 손익계산서 읽는 법을 간단히 설명하겠습니다.

우선 귀사는 운송업과 가공업, 이 두 가지 사업의 손익계산서를 따로 작성할 필요가 있습니다. 그러면 각각의 항목에서 매출이 발생하겠지요. 매출액에서 매출 원가와 판매비 및 일반 관리비를 뺀 금액이 영업 이익입니다. 그리고 매출 원가 중 설비 투자의 건전성을 확인할 수 있는 지표가 있는데 그것이 감가상각비입니다. 감가상각비를 사업별로 확인해 보세요. 즉, 운송업이라면 자동차의, 가공업이라면 공장의 감가상각비가 매출액 대비 얼마를 차지하는지 파악해서 추적하는 것입니다. 그 결과 매출액 증가율보다 감가상각비 증가율이 크다면 설비 투자가 과도하다고 판단할 수 있습니다.

다음으로 '영업외손익'을 확인해야 합니다. 영업외비용 중에서 설비 투자의 건전성을 측정하는 지표는 당연히 '금리'입니다. 따라서 금리에 대해서도 사업별로 조사해 보는 것입니다. 만약 이율이 매출 증가율을 넘어선다면 대출금 상환에 써야 할 자금인 이익이 줄어들게 됩니다. 그러므로 '차입금이 너무 많으니 설비는 그대로 유지하자'라고 주장할 수 있지요.

다음으로 경상이익을 확인해 보겠습니다. 경상이익은 영업이익에서 영업외수익을 뺀 것입니다. 재무 건전성을 높이고자 한다면 차입금 상환에 쓸 수 있는 자금은 '감가상각비'와 '세후 이익'밖에 없습니다. 토지 구입의 경우는 감가상각비가 없기 때문에 은행 차입금을 쓰든 유동자산을 쓰든 현금 흐름만 원활하면 되지만, 공장 설비는 이자와 더불어 감가상각비가 발생합니다. 그렇기 때문에 논리적으로 형님을 설득하려면 반드시 사업별로 손익계산서를 작성해 감가상각비와 영업이익, 이자와 경상이익의 증감을 파악해 그 수치를 제시해야 합니다.

마지막으로 귀하의 막연한 걱정이 기우일 뿐이라고 말하기는 어렵습니다. 현재의 금리가 사상 최저 수준이기 때문입니다. 금융 시장이 바뀌어 금리가 두 배로 오르기라도 하면 이익은 단번에 사라지고 맙니다. 그러니 금리 변동 추이를 전제로 귀하가 염려하는 근거를 제시하면 형님의 경영 방침에 제동을 걸 수 있을 것입니다.

나는 항상 "이익률은 매출액의 10% 이상이 되어야 한다"라고 말합니다. 20억 엔의 매출을 올린다면 최소한 2억 엔의 세전 이익을 확보해야 합니다. 차입금이 많다면 더 많은 이익이 필요하겠지요. 그러니 귀하는 이렇게 주장하면 됩니다.

"형님, 이만큼 설비 투자를 하는데도 이익이 나는 것은 금리가 낮기 때문이에요. 옛날처럼 금리가 높아진다면 이익은 순식간에 사라질 수도 있습니다. 그러니 20억 엔의 매출을 올렸다면 최소한 10%의 이익을 낼 수 있도록, 사업 확장과 동시에 이익률을 높이는 경영을 합시다. 그리고 감가상각비의 범위에서 착실히 상환해 차입금을 줄이고 이익을 축적해 내부 유보금으로도 투자할 수 있는 재무 구조를 만들어갑시다."

회계를 모르는 사람은 진정 훌륭한 경영자가 될 수 없습니다. 그래서 나는 간부들에게 결산서 내용을 설명하면서 손익계산서와 대차대조표 보는 법까지 가르쳐주곤 했습니다.

내가 교세라를 창업할 때 전폭적으로 지지해 준 분들

가운데 니시에다 이치에라는 분이 있습니다. 나는 당시 그분이 빌려준 1000만 엔을 운용 자금으로 삼아 교세라 경영을 시작했습니다. 그는 내게 이렇게 말했습니다.

"자택을 담보로 넣고 돈을 빌렸어요. 하지만 괜찮습니다. 아내도 '젊은 경영자지만 당신이 믿는 분이니 도움이 된다면 저도 만족해요'라고 말해주었으니까."

내가 실패하면 니시에다 씨가 집을 잃게 되는 상황이었습니다. 지금의 귀하와 마찬가지로 나 역시 빚이 무서웠지요. 그런데 사업 첫해에 300만 엔의 이익이 나기에, 이렇게 하면 3년 후에는 빚을 다 갚을 수 있겠다고 생각했는데 회계 담당자가 뜻밖의 말을 하지 뭡니까.

"이익금의 절반은 세금으로 내야 해요, 사장님."

아직 갚아야 할 대출금이 남아 있거늘 말도 안 된다고 생각했습니다. 기술자 출신이어서 당시 회계에 관한 지식이 거의 없었던 것이지요. 결국 각종 비용과 세금을 제하고 나니 수중에 남은 돈은 겨우 100만 엔이었습니다. 그때는 부채를 상환하는 데 10년이나 걸리겠다는 생각에 기운이 쭉 빠지더군요. 그런 나를 보고 니시에다 씨가 이렇게 일러주었습니다.

"사업이란 빚을 지면서 키워나가는 것입니다. 금리와 감가상각비를 감당할 수 있으면 문제없지요. 그러니 너무 걱정하지 마세요."

그래도 가능한 한 빨리 갚겠다고 말하자 그는 "당신은 뛰어난 기술자지만 뛰어난 경영자는 되지 못하겠군요"라며 웃었습니다.

하지만 결국은 그런 생각을 토대로 대출을 받지 않고 사업을 확장해 나가는, 오늘날 교세라의 무대출 경영 방법을 고안할 수 있었습니다. 그것이 바로 내가 회계를 공부해서 만든 '교세라 회계학'과 관리회계 시스템인 '아메바 경영'입니다.

세이와주쿠에서 경영 원칙과 회계학을 착실히 공부해 지금의 마음가짐을 잃지 않고 노력하면 분명 귀하의 회사는 크게 성장할 것입니다. 꼭 두 분 형제가 합심해서 회사를 잘 경영해 나가길 바랍니다.

# 근육질 경영을
# 철저히 하라

●

[ 問 ]

## "선행 투자 시기는 언제가 좋을까요?"

---

저는 수입차 판매 회사를 물려받은 2세 경영자로, 사장에 취임한 지 올해로 7년째를 맞이했습니다. 앞으로 4년 안에 매출을 두 배로 끌어올리자는 목표를 세웠습니다만, 이를 위해 선행 투자를 해도 될지 학장님의 의견을 듣고 싶습니다.

우선 저희 회사에 대해 말씀드리면 사원들의 노력과

고객의 도움으로 지난 3년 연속 매출이 증가했으며 작년에 처음으로 연 매출액 30억 엔을 달성했습니다. 더불어 이익률도 처음으로 5%대로 올라섰습니다. 이제 판매 회사로서는 세이와주쿠에서 합격점을 받을 수 있는 수준이 되었다고 생각합니다.

저희 조직은 현재 3개 지점을 운영하고 있으며 직원 수는 50명이고 그 가운데 영업 사원은 15명입니다. 영업 사원은 1인당 평균 연 30대, 연간 총 400대 정도를 판매하고 있습니다. 판매 실적을 올리려면 영업 사원 한 명당 판매 대수를 늘리거나 영업 사원 수를 늘리는 방법밖에 없습니다. 그런데 인원을 새로 채용할 경우, 그들을 1년에 30대 정도를 판매하는 중견 사원으로 육성하려면 보통 3~4년 이상은 걸리는 것이 현실입니다.

저는 섣불리 지점 수만 늘리는 안이한 투자 방식을 피하고 판매량을 높이기 위해 인력을 매년 4명 정도 채용함으로써 탄탄한 조직을 만들 계획입니다. 이 규모라면 지점 수를 늘릴 필요는 없지만 서비스 센터는 꼭 있어야 하므로 새로 시설을 갖추려면 1억 엔 정도의 추가 투자가 필요할지도 모르겠습니다.

분명 학장님께서는 "투자를 통해 매출을 늘리려 하지 말고 현재의 설비가 한계에 이르렀을 때 투자하라"라고 강조하셨습니다. 하지만 당사는 판매 회사이기 때문에 설령 일시적으로 이익이 감소하더라도 인재 확보와 교육에 대한 투자라면 매출 향상을 위해서 선행할 수밖에 없다고 생각합니다.

하지만 한편으로는 선행 투자를 시도했다가 경기가 불황으로 바뀌어 모처럼 향상된 이익률이 다시 떨어지면 어쩌나 하는 불안감도 있습니다. 선행 투자와 관련해서 제가 어떤 판단을 내려야 할지 학장님이 지도해 주신다면, 경영을 하는 데 든든한 버팀목이 될 것입니다. 부디 좋은 말씀 부탁드립니다.

[ 答 ]

### "신규 투자는 경영 기반을 다진 후에 집행해도 늦지 않습니다."

선행 투자를 하고 싶지만 세이와주쿠에서 예전부터 "신규 투자는 기반을 다지고 나서 하라"라고 배워왔기에 망설여진다는 것이군요.

교세라에는 예전 경리부장이 내 경영 사상을 정리해 놓은 '교세라의 철학에서 탄생한 회계 사상'이라는 문서가 있습니다. 귀하가 질문한 것도 여기에 나와 있는데, '고정비 증가를 경계하라'라는 항목입니다. 여기에 나온 말을 인용해 보겠습니다.

"이나모리 사장은 자주 손익분기점을 도식으로 나타내 설명하며 고정비 증가에 관해 주의를 주었다. 특히 고정비를 증가시키는 설비 투자에는 매우 신중했기에 직원들이 품의서를 올려도 좀처럼 결재가 나지 않았지만, 일단 필요하다고 판단한 사안에 대해서는 놀랄 정도로 과감하게 투자를 결정했다. 이나모리 사장은 특히 인력 충원도 고정비의 증가로 이어지므로 매우 경계했다. 특히 간접 인원의 증가에 대해서는 더욱 엄격하게 관리했다."

귀하의 계획은 여기서 인용한 내용 중 '고정비 증가'에 해당하므로 귀하가 인건비 상승을 염려하는 것은 당연합니다. 다만 현재 일본 자동차 시장의 상황을 생각하면 수

입차는 앞으로 더 많이 보급될 것으로 보입니다. 가격도 낮아졌고 거부감도 줄어들어 외제차가 보편화되고 있기에 지금 선행 투자를 단행하는 것은 시기적으로 볼 때 아주 적합하다고 생각합니다. 그러므로 5%의 이익률을 유지할 수 있다면 용기를 갖고 선행 투자를 시작해도 좋을 것 같습니다. 직원을 4명씩 서서히 늘려가겠다는 안정적인 사고방식도 매우 바람직합니다.

내 생각은 이렇습니다. 귀하는 현재 3개 지점에 총 50명의 직원을 배치하고 있으며 그 가운데 3분의 1인 15명이 영업 사원이지요. 즉, 영업 사원 한 사람이 자신을 포함해서 3명의 인건비를 벌고 있는 셈입니다. 현재 1인당 연간 30대를 판매해 3명의 비용을 책임지고 있는 셈이니 신규로 채용한 영업 사원이 자동차 10대를 팔면 자신의 밥벌이는 한다고 봐야 합니다. 그렇게 따지면 신입 사원이 10대를 팔 수 있는 시점까지 회사는 손실을 입게 되므로 그 손실을 이익금으로 메워야 합니다. 새로 채용한 영업 사원의 1년 차 매출이 전혀 없고 연봉이 400만 엔이라고 가정해서 금액을 환산해 보면 첫해에는 4명에게 지급하는 연 1600만 엔의 인건비가 통째로 이익에서 빠져나가는 셈이 됩니다. 하지만 그들이 1년 후에 한 사람당 10대를 판매할 정도까지 성장하면 이익은 원래의 수준으로 돌아옵니다. 그러므로 이 시점까지는 이익률이 하락하겠지요. 하지만 그로부터 2년간 30대를 팔 수 있는 인재로 성장한다면 이익률은 비약적으로 상승할 것입니다. 15명이 50명의 인건비를 벌다가 앞으로는 30명이 65명을 책임지는 셈이니 더욱 수월해지는 것이지요. 이런 식으로 인재를 육성하면 현재 5%인 이익률은 지금의 두 배를 판매해도 10% 수준까지는 금세 상승할 수 있습니다. 단, 간접 인원은 늘리지 않는다는 조건에서입니다.

그런데 영업 사원을 늘리면 총무 담당 인원도 더 필요해지므로 간접 인원이 늘어나기 쉽습니다. 게다가 이번에는 정비사가 필요하다느니, 서비스 센터 설비가 필요하다느니 하면서 자꾸만 비용이 늘어나면 결국 이익률은 높아지지 않겠지요. 귀하도 인원을 늘리면 서비스 센터가 필요할 것이라고 말씀했습니다. 매출이 증가하면 경비도 증가하는 것은 상식이기 때문입니다. 하지만 그런 투자야말로 나중으로 미루어도 좋습니다.

내가 세이와주쿠 수강생들에게 "매출은 최대로, 경비

는 최소로" 경영해야 한다고 강조하는 의미는 철저하게 경비를 줄이고 매출을 늘리라는 뜻입니다. 귀하는 현재의 간접 인력과 설비를 그대로 유지한 채 영업 사원을 늘리는 방향만 생각해야 합니다. 상식을 깨뜨리고 회사의 체질을 바꾸지 않으면 수익률은 결코 향상되지 않습니다.

매출 대비 5%의 경상이익을 유지하고 간접 인원의 증가를 경계한다면 귀하의 계획은 매우 시의적절하므로 반드시 성공할 것입니다. 용기를 가지고 실행하십시오.

# 3장

# 직원의 마음을 사로잡아라

나는 사람의 마음을 기본 토대에 두고 경영을 해나가자는 소신을 세웠다. 사람의 마음은 바뀌기 쉬운 것도 사실이지만, 반면에 한 번 강하게 결속이 되면 그 무엇으로도 대체하기 어려울 정도로 막강한 힘을 발휘한다. 직원들끼리 서로를 신뢰하고 이해하면서 마음을 하나로 합쳐 일하는 조직, 회사 전체가 한 가족처럼 감정을 공유하는 조직, 한 명의 리더가 이끄는 것이 아니라 모든 구성원이 경영에 참여한다는 열의를 지닌 조직을 만들어나가야겠다고 다짐했다. 사실 이런 다짐 말고 내가 구사할 수 있는 경영 기술이나 비법 같은 것은 없었다.

# 큰 돌만 사용해서는
# 돌담을 만들 수 없다

●

[ 問 ]

## "중견 직원들의 자기계발 의욕을 높이려면
## 어떻게 해야 합니까?"

저는 부모로부터 토지 보상과 소음, 진동 문제 등을 처리하는 보상 컨설팅 회사를 물려받아 경영하고 있습니다. 실은 오랫동안 근무해 온 중견 컨설턴트의 경쟁력을 어떻게 높일 수 있을지 고민하고 있습니다. 구체적으로 말씀드리면, 어떻게 해야 컨설턴트들의 자기계발 의욕을 이끌

어내 업무 능력을 높일 수 있을지에 대해 조언을 구하고
자 합니다.

저희 회사를 찾는 고객은 주로 공공 공사를 시행하는
관공서인데, 최근에는 경기 침체 탓에 공사가 줄어들어
수주 경쟁이 더 치열해진 상태입니다. 환경 문제도 더 중
요해져서인지 관공서에서는 매년 더 엄격한 품질을 요구
하고 있고요. 그래서 최근에는 1급 건축사 등의 자격증을
보유하고 있는 사람이 얼마나 되는지에 따라 순위를 매
긴 다음 그 순위를 토대로 컨설팅 업체를 선정하고 있는
상황입니다. 그래서 발주를 많이 받으려면 실적과 영업
능력뿐 아니라 자격증 보유자를 늘려야 하지요.

하지만 제가 설정한 매출 목표를 달성하기 위해 야근
과 휴일 근무도 마다하지 않고 애써주는 중견 직원들이
유독 자격증 취득에는 의욕을 보이지 않아서 고민입니다.
나이가 들었으니 공부하기 쉽지 않은 데다가 경험이 중
요한 업종인 만큼 자격증이 없어도 일할 수 있으니 의욕
이 생기지 않는 것 같습니다.

저는 제가 솔선수범하는 것이 중요하다고 믿어서 1급
건축사를 비롯해 여러 개의 자격증을 취득했고, 지금도

계속 자기계발에 힘쓰고 있습니다. 한때는 신입 직원들에게만 자격증 취득을 독려하고 중견 직원들은 그냥 내버려둘까도 생각해 봤지만, 그들이야말로 기술자로서의 왕도를 걸어왔으니 자격증이라는 무기를 하나 더 보유해 경쟁력을 갖게 하는 편이 역시 회사에 좋을 것 같습니다.

또한 젊은 직원들 중에 자격증 취득자가 늘어나면 조직의 위계질서가 무너져 오래 일해온 중견 직원들의 자리가 위태로워질 수도 있다는 우려도 들어, 그들에게 자격증이 필요할 것이라고 강조하고 독려해 왔습니다. 하지만 그들은 의욕을 보이지 않고 있습니다.

이런 사고방식과 사내 분위기를 개선하고 그들을 더욱 성장시키려면 어떻게 해야 할지를 구체적으로 조언해 주십시오.


[ 答 ]

**"기업이 성이라면 사람은 성을 이루는 돌담입니다."**

---

귀하는 스스로 솔선수범해 여러 가지 자격증을 따낸 우

수한 분이군요. 그래서 중견 직원들에게도 자격증을 따게 하려고 애쓰고 있습니다만 결론적으로 말하면 귀하의 그러한 노력은 별로 소용없는 일이며, 심지어 해서는 안 될 일이라고 생각합니다.

중견 직원들이 귀하가 설정한 매출 목표를 달성하기 위해 야근과 휴일 근무도 마다하지 않고 애쓴다고 했습니다. 그것만으로 이미 충분하지 않습니까? 귀하는 자신이 자격증을 취득했기 때문에 직원들도 경험에 더해 자격증까지 있으면 무기를 하나 더 갖는 셈이라고 했지만, 조직이란 그렇게 완벽한 사람들만 모일 수는 없는 법입니다.

나이가 들어 공부하기는 매우 힘든 일이지요. 게다가 오래 근속한 직원들은 경험에서 쌓은 연륜과 노하우만으로도 일을 해낼 수 있기에 공부에 열중하지 않는 것입니다. 이 직원들에게는 젊은 직원들을 지도하도록 맡기되, 회사에 꼭 자격증 보유자가 필요하면 외부 인력을 영입하는 편이 좋겠다고 생각합니다.

다만 진짜 문제는 자격증에 편중된 귀하의 사고방식입니다. 귀하가 몇 번이나 자격증이 중요하다고 강조하고 있기 때문에, 그러한 풍조가 사내에 퍼지면 같은 사원이라도 자격증이 있는 사람과 없는 사람 사이에 위화감이 조성될 것입니다. 그런 분위기로 인해 조직이 무너질 가능성도 있습니다.

예부터 기업에는 사람이 가장 중요하다고 했습니다. 기업을 성에 비유하자면 사람은 돌담입니다. 성을 이루는 돌담은 커다란 돌만으로는 쌓을 수 없습니다. 커다란 돌들 사이에 작은 돌이 몇 개씩 채워져 있기에 돌담은 견고하게 성을 지탱할 수 있는 것입니다.

조직에는 능력이 그다지 두드러지지는 않아도 인품과 사고가 훌륭한 사람이 종종 있습니다. 근대 기업을 경영하는 데 이런 사람은 쓸데없다고 여겨질지 모르지만, 결코 그렇지 않습니다. 물론 근시안적으로 보면 자격증을 보유한 사람들로만 조직을 구성하는 편이 능률 면에서 좋아 보일지 모릅니다. 그렇지만 애사심이 강하고 회사를 위해 열심히 노력하는 직원이야말로 회사의 소중한 재산입니다. "지혜가 있는 사람은 지혜를 내고, 지혜가 없는 자는 땀을 내라"라는 말이 있습니다. 이것이 바로 조직입니다.

내 경험으로 미루어보면 귀하가 말한 '머리가 좋고 뛰어난 능력을 지닌 인재'와는 평생 함께하기가 어렵더군요. 교세라의 역사를 돌아볼 때, 실력이 출중해 나중에 후계자가 되지 않을까 하고 기대했던 직원들 중에 지금까지 남아 있는 사람은 아무도 없습니다. 또한 교세라를 발전시키는 데 주축이 된 기술 혁신도 결코 박사 학위를 가진 일부 연구원만이 이룬 업적이 아닙니다. 오히려 일반 연구원과 사원들의 꾸준한 연구 활동으로 일궈낸 다양한 성과가 오늘날의 회사를 받쳐주고 있지요.

나는 예전부터 조직을 구성하는 직원들을 판단할 때는 일을 잘 못하는 사람이라도 '그 사람이 어떤 마음을 지니고 있는지'를 먼저 생각했습니다. 그 사람이 진지하고 성실하며 회사를 위해서 어떻게든 열심히 일한다면 그 사람을 소중히 하겠다고 말이지요. 즉, 그 사람의 심성이라고 할까요. 인간성과 회사에 대한 애착이 어느 정도인지를 우선하여 판단해 왔습니다.

그러므로 설령 자격증을 따지 않더라도 깊은 애사심을 가지고, 매출 목표를 위해서 야근과 휴일 근무도 마다하지 않으며 열심히 일하는 사람들이라면 그들을 훌륭하다고 칭찬하고 소중히 여겨야 합니다.

　귀하가 그런 마음을 보이기만 한다면 조직은 무너질 리가 없습니다. 만약 귀하가 자격증이 없는 사람은 가치 없다는 태도를 보인다면 젊은 직원들이 윗사람들을 무시하거나 그들에 맞서게 되어 머지않아 조직이 와해되고 말 것입니다. 아무쪼록 이러한 사실을 마음에 새기며 경영에 임하길 바랍니다.

# 대의명분으로
# 마음을 요동치게 하라

●

[ 問 ]

"사원들에게 일과 직업에 대한 자긍심을 심어주려면
어떻게 해야 할까요?"

저희 회사는 빌딩과 도로 구조물, 교량 등의 도장<sub>塗裝</sub>을
주력 사업으로 하고 있으며, 전문 기술자 9명을 포함해
약 17명의 직원을 두고 있습니다. 현재는 아버지가 사장
을 맡고 계시고 저는 상무 자리에 있는데, 만약 회사가 유
지된다면 제가 3세 경영자가 될 예정입니다.

저희 도장 업종은 흔히 '3D 업종'으로 알려져 있습니다. 이러한 풍조가 퍼진 가운데 직원들에게 일에 대한 자긍심을 갖게 하려면 어떻게 해야 할지 고민이 되어 이렇게 상담을 드리게 되었습니다.

도장 일에 자긍심이나 애정을 갖지 못하는 것은 실제로 일이 힘들고 위험한 이유도 있겠지만, 그보다는 세간에서 이 일을 '천한 직업'의 대명사처럼 여기고 능력 없는 사람들이나 하는 일이라고 인식하고 있기 때문이라고 생각합니다. 그러다 보니 기술자가 되려는 사람이 워낙 적어, 현재는 저학력자만 채용하고 있는 상황입니다.

게다가 어렵게 채용해서 가까스로 한 사람 몫을 할 정도로 키워놓으면 동종 업계의 다른 회사에 스카우트 되거나 연봉이 더 높은 서비스업으로 옮겨버리는 일도 허다합니다. '프로 선수와 기술자는 돈이 있는 쪽으로 움직인다'라는 말도 있지요. 그래서인지 저희 회사에 창업 이래 계속 근무하고 있는 기술자는 단 한 명뿐입니다.

저도 예전에는 기술자들에게 미래의 꿈을 이야기하며 "훌륭한 일을 해서 세상에 인정받도록 노력합시다"라고 말했지만 그저 헛수고였습니다. 그러다 보니 최근에는

'어차피 이런 업계인 것을' 하고 체념한 나머지 급한 대로 아무라도 좋으니 일을 맡길 수 있는 사람을 고용해 돈 되는 일거리를 따낸 다음, 불평이 나오지 않을 만큼만 그럭 저럭 경영해 나가면 된다는 식으로 생각하게 되었습니다.

가업이었기에 어쩔 수 없이 물려받은 영세한 도장 업체입니다. 제가 하고 싶어서 시작한 사업은 아니지만 차입금이 많아서 이대로 포기할 수도 없습니다. 이러한 상황에서 직원들에게 긍지를 불어넣고 세상의 편견을 없애려면 어떻게 해야 좋을지 가르침을 받고 싶습니다.


[ 答 ]

## "사원들의 마음을 움직일 수 있는
## 대의명분이 필요합니다."

---

귀하는 어쩔 수 없이 맡은 사업이라고 하면서도 한편으로는 직원들에게 의욕을 불어넣고 싶다고 했습니다. 어찌 보면 모순되고 어려운 문제입니다만, 우선 말씀드리고 싶은 게 있습니다. 사업이 영세하다고 해서 절대로 자신을

비하해서는 안 된다는 것입니다.

귀하는 혼자 먹고살기도 힘든 시대에 직원을 십수 명이나 고용해 그 가족까지 부양하고 있는 데다 세금도 내고 있으니 사회적으로 매우 훌륭한 일을 하고 있습니다. 기업 경영은 그처럼 엄숙한 일입니다. 그렇기에 자신의 직업을 스스로 비하하는 행동은 하늘을 향해 침을 뱉는 것이나 다름없으니 점점 더 자신을 무력하게 만들 뿐입니다.

귀하의 회사만 3D 업종인 것은 아닙니다. 나는 1959년에 교토세라믹(현 교세라)이라는 회사를 창립했습니다. 세라믹이란 한마디로 점토를 구운 제품인데, 고온에서 점토를 구우니 얼마나 궂은일이겠습니까. 게다가 점토를 반죽해서 굽고 깎아야 하는 일이라 그 먼지를 마시면 폐가 손상되어 병에 걸린다고들 말했습니다. 귀하의 직업과 마찬가지로 3D 업종이라 여겨져 다들 이 일을 기피했지요. 하지만 내가 귀하처럼 자신의 일을 하찮게 여겼다면 오늘날의 교세라는 없었을 것입니다.

실제로 도장 업종은 환경이 열악하고 세상 사람들의 인식도 좋지 않은 편입니다. 하지만 귀하 스스로는 그렇게 생각해선 안 됩니다. '고작 도장업자'라고 자신의 직업을 비하하는 사고방식은 반드시 바꿔야 합니다. 할아버지가 시작하여 아버지가 뒤를 이었고, 그 뒤에는 귀하가 이어받아 경영하게 될 회사입니다. 그러므로 '이 일은 하늘이 준 천직'이라는 마음을 갖고 자기 일을 좋아해야 합니다. 귀하부터 일을 진심으로 대하지 않는다면 회사를 이어받는 입장도 아닌 직원들이 자신의 일에 자부심을 느낄 리가 없습니다.

사실 귀하가 하고 있는 일은 매우 훌륭한 직업입니다. 나는 화학을 전공했기 때문에 잘 아는데, 철은 굉장히 산화하기 쉽고 약한 물질입니다. 건물이든 도량이든 도장을 하지 않은 채 내버려두면 10년쯤 뒤에는 녹슬고 부식됩니다. 100년이 훨씬 넘은 파리의 에펠탑이 꿈쩍도 하지 않는 것은 매년 도장 작업을 다시 하기 때문입니다. 그렇지 않으면 금세 철골이 부러지고 말지요. 그러므로 귀하는 직원들에게 진심을 다해 이렇게 전해야 합니다.

"세상 사람들은 하찮은 도장 업자라고 말할지 몰라도, 우리는 이렇게 가치 있는 일을 하고 있습니다."

귀하의 일은 결코 천한 일이 아닙니다. 우선 자신이 하는 일에 어떤 의미가 있는지 대의명분을 세운 뒤 직원들과 함께 열정을 다해 일해야 합니다.

　다음으로 귀하가 가장 고민하고 있는 문제는 직원들을 하나로 결속시키지 못한다는 점인 듯합니다. 사업이 즐거운가 아닌가는 직원들과의 일체감 형성 여부에 달려 있습니다. 사장이 하는 말을 무조건 믿고 따라오게 하려면 직원들에게 귀하라는 '인간'을 이해시켜야 합니다. 인품이 갖춰져 있든 아니든 상관없습니다. 직원들을 도량으로 품어주면서 그들이 귀하를 이해하도록 하는 것이 매우 중요합니다. '이 사장님과 함께라면 어떤 고생을 하더라도 아깝지 않겠어'라는 생각이 들 수 있는 인간관계를 구축해야 합니다.

　이것은 무제한 단판 승부 같은 것입니다. 우선 귀하부터 아침부터 밤까지 자신의 일에 열중하십시오. 그리고 일이 끝나면 사원들과 함께 빙 둘러앉아, 가능하면 함께 술을 한잔 하면서 대화를 나누어 보십시오. 술이 들어가면 마음도 열리기 마련이므로 술을 한잔 건네며, 열심히 애쓰고 있는 직원들에게 "잘 부탁합니다" 하고 말하세요. 그리고 잘못하는 사람에게는 "그것은 잘못되었습니다"

라고 말해주세요. 또한 경영자 자신이 잘못한 일이 있다면 인정하고 고쳐야겠지요. 그렇게 하면 직원과의 술자리는 소통할 수 있고 인격도 수양할 수 있는 최고의 자리가 될 것입니다.

귀하가 직원들을 그러한 자세로 대한다면 어떤 사람이라도 반드시 달라집니다. 그들을 술로 꾀라는 말이 아닙니다. 열심히 일하며 자신들을 소중히 대하는 귀하의 인간적인 태도에 사원들은 감동을 받게 될 것입니다. 십수 명이면 너무 많은 인원은 아니지 않습니까. 슬플 때나 기쁠 때나 함께 일하는 소중한 동료들이 '너무 좋은 사람이야!' 하고 귀하를 따를 수 있도록 마음을 사로잡으세요. 그것이 회사를 성장시키는 경영의 시작입니다.

# 사업의 가치를
# 수치로 증명하라

●

[ 問 ]

## "관리자들에게 열정을 불어넣으려면
## 어떻게 해야 합니까?"

저희 회사는 창업한 지 70여 년이 지난 제과 도매업체입니다. 50명의 직원이 일하며 30억 엔의 연 매출을 내고 있으며, 아버지가 2대 사장이고 저는 전무 직책을 맡고 있습니다.

예전부터 저희는 유명 브랜드가 아니라 지방 중소기업

이 만든 제과를 2차 도매업자에게 납품해 왔습니다. 하지만 최근 유통업계의 구조에 큰 변화가 일어나 2차 도매상들이 점점 없어지고 있습니다. 그래서 저희 회사도 살아남으려면 슈퍼마켓이나 할인 매장 등 직판 거래처를 새로 확보해 매출총이익을 증가시켜야 하는 상황입니다. 하지만 관리자급 직원들이 신규 고객 확보에 적극적인 자세를 보이지 않아 고민입니다. 이에 대한 학장님의 의견을 듣고 싶습니다.

저희 회사는 수도권, 지방, 지방영업소 이렇게 세 부문의 조직으로 나뉘어 있습니다. 중견 직원들은 주로 각 부서에 배치되어 관리자로 일하고 있고 그 밑에 젊은 직원들이 소속되어 있는 구조입니다. 저는 영업 전체를 총괄하며 신규 고객 확보를 가장 중요한 과제로 삼고서 매진하라고 계속 독려하고 있지만, 관리자급 간부들은 어릴 때부터 저를 봐왔기 때문인지 지시에 따르지 않고 예전부터 거래하던 2차 도매업체의 주문만 받고 있는 상황입니다.

반면에 젊은 직원들은 제 지시에 따르면서 신규 고객 확보에 열중하는 저를 옆에서 잘 도와주고 있습니다. 덕분에 전체 매출에서 차지하는 신규 고객의 매출 비율이 지난 3년간 3%에서 10%가 넘을 정도로 높아졌습니다.

저는 이 중견 직원들의 의욕을 어떻게든 북돋워주고 싶어서, 업무가 끝나면 술잔을 주고받기도 하며 열심히 설득하고 있습니다. 그렇지만 그들은 지금까지와는 재료 구입 방식도 다르고 거래처 담당자들의 연령대가 낮다는 등의 문제를 들며 적극적으로 나서지 않고 있습니다.

저는 젊지만 중견 직원이든 신입 사원이든 가리지 않고 모든 사람의 마음을 사로잡을 수 있는 경영자가 되고 싶습니다. 제 방침대로 움직이지 않는다고 해서 조부모와 부모 대부터 함께 고생해 온 간부들을 해고할 생각은 없습니다. 어떻게 해야 관리자급 직원들이 적극적으로 일하게 만들 수 있을지, 그 방법에 관해 조언을 부탁드립니다.

[ 答 ]
**"사업의 가치를 수치화된 자료로 증명하세요."**

나 같은 창업자는 귀하 같은 경영 후계자들의 이야기를

들을 때마다 2세, 3세 경영자들은 힘들겠다는 생각을 하게 됩니다.

귀하의 회사는 지방에 있는 과자 회사의 제품을 찾아내 2차 도매업자에게 판매하는 도매업을 하고 있군요. 하지만 유통업계에 구조 변화의 바람이 불어 2차 도매상들이 점점 문을 닫고 있어 귀사 또한 매출총이익을 얻지 못하는 상황이 되었다고 했습니다. 하지만 유명 브랜드 제품이 아니라 중소기업이 만든 진귀한 과자류를 취급하고 있으므로 신규 시장에서 가치를 인정받으면 다시 활로를 열 수 있다고 판단해 신규 거래처를 확보하려고 애쓰고 있군요. 그래서 중견 직원들에게 "앞으로는 슈퍼마켓이나 할인매장, 카테고리 킬러(특정한 상품 분야에서 압도적인 상품 구성과 저렴한 가격을 내세워 전개하는 소매업) 등에 직접 납품하는 방법으로 살아남읍시다. 우리 회사는 유명 브랜드 제품을 취급하지 않는 도매업체이므로 2차 도매업자를 거쳐 소매점에 납품하는 유통 과정을 그대로 답습하기만 해서는 경쟁에서 살아남을 수 없습니다"라고 필사적으로 설득하고 있지만 그들은 신규 고객을 개척할 의사가 없는 상황이라고 했습니다. 물론 그렇다고 해서 관리자급 직원들을 모두 해고할 수도 없으니 무척 곤란한 상황일 것입니다.

이 문제는 조직을 변경하고 각 부문에 독립채산제를 도입하기만 해도 해결할 수 있습니다. 구체적으로 설명해 보죠. 우선 현재 3개의 조직 내에서 병행 실시하고 있는 2차 도매점 영업과 신규 고객 영업을 시장별로 나누어 서로 다른 조직에서 담당하도록 해야 합니다. 신규 시장을 개척하는 부문은 전문 영업부를 만들어 독립시키고 2차 도매업 영업 부문은 지역별로 약간 세분화해서 나누는 것입니다.

귀사의 연 매출 규모는 약 30억 엔입니다. 현재 2차 도매점의 매출이 약 27억 엔, 신규 거래처에서의 매출이 약 3억 엔이니 2차 도매점 영업은 5~6개 팀으로 나눠 시행하면 좋겠습니다. 또한 인원을 살펴볼까요. 귀사의 직원이 50명이라고 했으니 2차 도매업체를 담당할 부서에는 중견 직원을 부서장으로 앉혀 한 팀당 5~6명으로 구성해 운영하도록 합니다. 신규 부서는 귀하가 관리자를 맡아 유능하고 젊은 직원을 두세 명 데리고 운영하는 방식이 바람직합니다.

그렇게 각각 독립채산제로 운영해서 매출과 매출총이익, 인건비, 경비를 전부 산출한 뒤 수지와 손익을 부서끼리 경쟁하게 하세요. 그렇게 해서 귀하가 담당하는 신규고객 담당 부서가 매출뿐 아니라 이익도 높아서 채산이 맞는다는 점, 그리고 2차 도매업체 담당 부서는 수지와 손익 모두 악화되고 있다는 점을 수치로 증명해 보여주는 것입니다. 숫자가 없으면 아버지나 오래 일해온 직원들을 설득할 근거가 없습니다. 귀하는 반드시 사업의 가치를 수치로 증명해야 합니다.

그런 뒤에 만약 귀하가 예상한 결과가 나온다면 이렇게 설득하면 됩니다.

"관리자급 직원들이 담당하고 있는 2차 도매업체 유통 부문은 적자이지 않습니까? 2차 도매업체에서 소매업체로 넘기는 유통 구조는 앞으로 점점 더 줄어들 것입니다. 그러니 우리는 어서 신규 거래처를 개척해야 합니다. 아무런 시도도 하지 않고 기존에 해오던 방식만 고집하면 결국 회사는 문을 닫고 말 것입니다."

하지만 예상과는 반대로 귀하가 맡은 신규 고객 담당 부서가 적자라는 결과가 나온다면 "기존에 해오던 방식대로 하면서 채산을 잘 맞추고 있는데 왜 전무님이 시키는 대로 해야 하는 것입니까?"라며 사원들은 반발할 것입니다. 현 상황에서 2차 도매업체 부문이 수익의 근간이며 기존의 방식대로 해도 어느 정도 채산이 맞는다면 내버려둬도 좋다고 생각합니다. 거기는 거기대로 놔두고, 귀하는 젊은 직원들과 함께 신규 부문을 키워나가면 됩니다. 젊은 직원들과 함께 천천히 실력을 키우는 것입니다.

어차피 귀하가 물려받아 이어나가야 할 사업입니다. 의지가 안 되는 사람들에게 의지하고 신경을 곤두세워 봐야 소용없으니, 틈틈이 해오던 신규 개척 사업을 귀하가 진두지휘해 장래에 의지할 수 있는 동세대의 인재를 육성하세요. 원래 젊은 직원을 기존 직원들 사이에서 육성하려고 하면 반드시 마찰이 일어나기 마련입니다. 그러므로 신규 조직 내에서 젊은 직원을 육성하는 편이 회사와 미래를 위해서도 바람직합니다.

지금 전체 연 매출의 10%에 불과한 신규 거래처 매출이 차차 성장해서 50%가 되고 60%가 되면 그때야말로 "2차 도매업체하고만 거래해서는 회사를 영위해 나갈 수가 없습니다. 수익이 늘기는커녕 적자인데, 이렇게 급여가 높아서는 여러분들이 회사를 나가시는 수밖에 없습니다"라며 간부들을 다그치는 것입니다. 그때쯤이면 그들도 귀하의 능력을 인정하고 한발 물러날 테니 신규 고객을 확보하든 뭐든 해야만 한다는 위기감을 느낄 것입니다. 그래도 안 된다면 그때는 "여러분은 이제 자리에서 물러나 주십시오. 제가 육성한 인재에게 관리를 맡기겠습니다"라고 선언하면 됩니다.

나는 아까 경영 후계자들은 정말 힘들겠다고 말했습니다. 그 까닭은 선대 사장 때부터 일해온 간부들이 공로도 있는 동시에 귀하의 성장 과정을 지켜봐 와서 너무 잘 알고 있기 때문입니다.

만약 귀하가 지금 상태에서 고위 간부들과 갈등을 빚는다면 아버님이 중간에서 입장이 난처해지겠지요. 젊은 직원들의 의견이 옳긴 하지만 오랜 세월 함께해 온 임원들의 소중함도 잘 알고 있으니 이러지도 저러지도 못한 채 고민할 것입니다.

나는 젊은 나이에 창업했기에 주변 분들이 대부분 연장자였지만, 모두 나를 존중해 주어서 아무런 문제도 없었습니다. 귀하의 경우 고위 간부들이 '아무 실적도 내지 못한 주제에'라고 생각하며 귀하를 대한다면, 설령 귀하에게 진짜 실력이 있어도 대등하게 맞설 수가 없을 것입니다.

비록 젊은 나이지만 모두에게 존경받는 경영자가 되고 싶다는 귀하의 생각은 무척 훌륭합니다. 지금 귀하와 똑같은 입장에 있는 2세, 3세 경영자 모두에게 하고 싶은 말이기도 한데, 전 직원에게 존경을 받으려면 사소한 일이라도 좋으니 실적을 쌓아나가는 것이 중요합니다. 더불어 겸허한 인성까지 갖춘다면 종래에는 모두 감동해서 귀하를 믿고 따라오게 될 겁니다. 결코 성급하게 굴어서 해결될 일이 아닙니다. 실력을 쌓아 존경받는 경영자가 되길 바랍니다.

# 가장 중요한 것은
# 사람의 마음이다

●

[ 問 ]

## "경영 철학을 공유할 수 있는 젊은 인재를
## 어떻게 육성하면 좋을까요?"

저희 회사는 메이지 시대(1868~1912년)에 창업한 종합 도매업체입니다. 현재 주류·석유·사료의 세 부문에서 사업을 하고 있고 연 매출은 150억 엔 정도입니다만, 규모에 비해서 이익이 낮은 전형적인 가족 기업입니다. 요즘 젊은 인재를 어떻게 육성해야 할지 고민하고 있어 학장님께 상담을 부탁드리고자 합니다.

저는 다른 회사에서 근무하다가 8년 전에 이직했는데, 요즘 들어 저희 회사는 경기가 침체된 탓에 실적이 떨어진 데다가 내부에서 갈등까지 일어나 혼란스러운 상태입니다. 고민하던 중 학장님의 강연 영상을 보게 되었고, 그 후 굳은 결심을 하고 친척 임원들을 설득해 작년에 아버지의 뒤를 이어 사장 자리에 올랐습니다.

취임 이후 이나모리 철학을 공부하면서 그를 바탕으로 저만의 경영 철학을 구축하는 한편, 급여 체제를 변경하는 등 구조 조정을 과감히 단행했습니다. 신규 사업에는 일절 눈도 돌리지 않고 취급 상품을 재검토했으며, 경비 삭감에 중점을 두고 적자를 해소하기 위해 노력했습니다. 그 결과 올해 9월 결산에서 전 부문이 흑자로 돌아서 손익 문제는 일단락 지은 상태입니다.

하지만 저는 그 과정에서 앞으로의 미래를 생각하면 무엇보다도 간부를 육성하는 데 힘을 쏟아야 한다는 것을 절실히 느꼈습니다. 오래전부터 일해온 간부들의 평균 연령이 55세로 고령화되었기 때문입니다. 물론 이 간부들의 충성심이 있었기에 무사히 구조 조정을 하는 등 경영 혁신을 진행할 수 있었지만 이들은 앞으로 10년이 지나면 모두 회사에 남아 있지 않을 겁니다.

저는 저와 같은 연령대의 직원을 육성하려고 하는데, 후보로 눈여겨보고 있는 유망한 젊은 직원은 기껏해야 다섯 명 정도입니다. 하지만 그들은 평소에도 업무로 바쁘다 보니 너무 시간적 여유가 없고 제가 보기에 역량도 아직 부족합니다. 이런 상황에서 현장에서 각자 책임을 짊어지고 일하고 있는 그들에게 학장님이 가르쳐주신 '이타의 마음'이나 '우주의 섭리'에 관한 이야기를 한다 해도 지금은 도저히 이해하지 못할 것 같습니다.

하지만 제가 장래에 간부가 될 직원들과 경영 이념이나 철학을 공유하지 못하면 회사는 발전할 수 없다고 생각합니다. 시간이나 역량 면에서 한계가 있는 젊은 사원들과 철학을 공유하려면 어떻게 해야 할지 조언을 해주십시오.

[ 쏢 ]

## "마음을 사로잡아야 합니다."

질문을 듣고 귀하가 대단히 훌륭하다고 생각했습니다. 창업 100년이 넘은 지방의 도매업체에서 적자가 발생하고, 내분이 일어나 위기에 처한 상황을 보다 못해 자처해서 사장이 되었다고 하셨습니다. 그것만으로도 용기가 대단한데 적자 상태인 회사를 재건해 모든 부문을 흑자로 돌리셨다니 정말이지 훌륭한 경영자입니다.

그런데 회사를 재건하고 주위를 둘러보니 간부들은 모두 고령이 되었고 그 외에는 모두 젊은 직원들뿐이라 당장 간부 후보자가 없는 상황이군요. 귀하도 아직 마흔이 되지 않았기에 비슷한 연령대인 30대의 젊은 직원들을 육성하고 싶지만, 마땅한 후보자가 적은 데다가 역량이 아직 부족하고 무엇보다도 공부에 힘을 쓸 시간적 여유가 없으니 어떻게 하면 좋겠냐는 질문입니다.

내 경우를 말씀드리자면, 교세라를 창업했을 때가 스물일곱 살이었기에 당연히 간부들은 모두 나보다 연장자였습니다. 내가 너무 젊다 보니 간부급으로는 어느 정도 연

배가 있고 지혜와 경험을 갖춘 분이 필요하다고 생각해 함께 일하게 된 것이었지요. 그런데 몇 년 후에는 귀하와 완전히 똑같은 상황이 발생해 고민에 빠졌습니다. 이 문제는 정말이지 경영을 하는 사람이라면 공통적으로 겪게 되는 고민인 것 같습니다.

나의 경우, 몇 번이나 시행착오를 거친 뒤에 젊은 직원들로 구성된 모의 임원회 '주니어 보드 시스템Junior Board System'을 만들었습니다. 가상의 임원회이고 실제로는 아무 권한도 없지만, 기존의 임원들은 의미를 잘 모르게끔 영어로 이름을 붙여 마찰이 일어나지 않게 했습니다. 그리고 젊은 직원들에게 "앞으로 여러분에게 기대를 걸고 함께 일을 해나가고 싶습니다"라고 내 의지를 전달한 뒤 함께 공부하면서 간부를 육성해 나갔습니다. 나는 귀하에게도 이 방법을 권하고 싶습니다.

귀하의 경우 현재의 간부들과 가족에게 양해를 구하는 것이 우선입니다. 이렇게 설득하십시오.

"제가 사장직을 맡아 열심히 노력하고 있지만 앞으로 회사를 더 성장시키기 위해서는 젊은 직원들을 간부로 육성해야 한다고 생각합니다. 지금 여기에 있는 다섯 명을 경영진으로 위촉해서 함께 배워나가고자 합니다. 단, 이들에게 아직 권한은 부여하지 않겠습니다."

그리고 귀하가 가능성을 보고 선발한 직원 다섯 명에게도 뜻을 전하십시오.

"저는 이제부터 여러분을 믿고 경영해 나가려고 합니다. 우선 저와 함께 공부를 해보지 않겠습니까? 정말 미안하지만 업무가 끝나면 저녁 식사를 준비할 테니 8시에 모여주세요. 또 가끔은 휴일에 3시간 정도 회사에 나와야 할지도 모릅니다. 그렇지만 부디 저와 회사를 믿고 함께 공부해 나가면 좋겠습니다. 아무쪼록 잘 부탁드립니다."

그렇게 설득하면 지금까지는 '사장의 친척이 아니니 나는 어차피 출세할 수도 없고, 급여만 받으면 그만이지' 라고 생각하던 사람들도 사장이 자신들에게 기대를 걸고 있다는 사실을 알면 간부로 승진할지도 모른다는 희망을 갖게 되어 의식이 달라질 것입니다. 의식이 달라지면 이제까지는 초과 근무를 하면서 야근 수당이나 받아야겠다는 소극적인 생각에 머물러 있던 사람들도 밤이든 휴일이든 회사에 나가 일할 수 있다는 마음을 갖게 될 것입니다. 사장이 "여러분을 믿고 가겠습니다"라고 말하는 순간

그들에게도 '사장이 나를 이렇게 믿고 기대해 주는데, 나도 사장을 위해 노력해 보자'라는 마음이 생깁니다. 그러면 없는 시간도 만들어내게 되지요.

또 하나, 귀하는 역량이 고민이라고 언급했는데 그런 생각을 하면 안 됩니다. 먼저 귀하부터 직원들을 신뢰하세요. 오로지 신뢰하고 포용하면서 그 직원들과 회사를 어떻게 훌륭히 키워나갈지를 철저히 논의해야 합니다.

오늘날 교세라는 세계 100대 기업에 들 만큼 큰 기업으로 성장했고, 불황일 때도 높은 영업 이익을 유지하고 있습니다. 그리고 지금의 교세라를 이끌고 있는 주역은 교세라를 창업하기 전 내가 근무하던 회사에 고졸 사원으로 입사해 조수로 일했던 사람들입니다. 나는 그들을 육성할 때 학력이나 역량 같은 것은 일절 생각하지 않았습니다. 그저 대학 시절 내가 보던 교재로 세라믹 수업을 하면서 평소 업무까지 아울러 끊임없이 교육했을 뿐이었지요. 그 결과 그들은 나중에 입사한 대졸 사원들보다 훨씬 더 뛰어난 능력을 갖추게 되었고, 승진을 거듭하면서 당당하게 일류 대학 출신의 엘리트 직원들을 이끄는 임원이 되었습니다.

　마지막으로 한 가지 더 염려스러운 점이 있는데, 바로 귀하가 단호하게 구조 조정을 감행해 왔다는 사실입니다. 급여나 승급도 '회사 재건'이라는 명목하에 과감하게 삭감했다고 하셨지요. 그렇기에 사내에는 새 경영자의 수완을 높이 평가하는 직원들이 있는가 하면, 반발하는 직원들도 적지 않을 것입니다. 그러므로 귀하는 더욱더 전 직원과 의사소통을 잘해야 합니다. 커뮤니케이션은 결코 장래가 촉망되는 사람들하고만 하는 것이 아닙니다. 회사에 애사심이 있는 직원 모두와 마음이 통해야 하지요.

　나는 사람의 마음을 사로잡는 비결이 무엇이냐는 질문을 자주 받습니다만 특별한 비결은 없습니다. 귀하가 공부해서 깨달은 철학을 직원들과 공유하려면 그저 모든 부서를 다니며 설득하는 수밖에 없습니다. 그래서 나는 회식 자리를 마련해 직원들과 이야기를 나누었습니다. 술을 한잔 마시면 누구나 마음을 쉽게 열게 되지요. 그러한 분위기를 만들어 '교세라라는 회사를 이렇게 키워가고 싶다'는 마음을 털어놓고 간절히 호소했습니다.

　후계 경영자는 고생을 모르는 만큼 자칫 편리한 테크

닉만을 추구하는 경향이 있습니다. 주제넘은 말일지 모르
지만 걱정이 되어서 말하는 것이니, 참고하길 바랍니다.

# 재능을 이용할 줄
# 아는 사람이 되어라

●

[ 問 ]

### "이인자에게 필요한 요건은 무엇인가요?"

저는 직영 프랜차이즈 식당을 여러 개 운영하고 있습니다. 올해로 46세가 되는데, 20년 전쯤 회사를 창업해서 현재까지 오로지 사업을 확장하는 데에만 매진해 왔습니다. 지금은 제 오른팔이 되어줄 이인자를 육성하려 하는데 그 과정에서 시행착오를 반복하고 있습니다. 저는 제 뒤를 이을 후계자가 없기 때문에 사내에서 이인자를 선발해 장래에 사업체를 물려주려고 합니다. 그래서 이인자를 육성할 때 중요한 사항이나 유의할 점을 여쭤보고 싶습니다.

구체적으로 말씀드리자면 후보로 생각한 부장들 몇 명 가운데 한 사람을 임원으로 발탁해 훈련을 시키면서 적성을 확인해 보려 합니다. 후보로 점찍어둔 부장들은 회사가 소규모일 때부터 함께 고생해 온 동지이자 부족한 저를 계속 곁에서 보좌해 준 은인이지만, 막상 이인자로서 중책을 맡길 생각을 하니 고민이 되더군요. 견실하지만 덕망이 없는 사람이 있는가 하면 직원들에게나 거래처에서는 인기가 있지만 업무 능력이 다소 부족해서 믿고 맡길 수 없는 등, 모두 일장일단이 있었습니다.

그래서 학장님의 경험에 비추어봤을 때 회사 내 이인자로는 어떤 인물이 적합한지, 또 무엇을 판단 기준으로 삼아 발탁하면 좋을지 조언을 듣고 싶습니다. 그리고 이인자로 삼을 사람을 정했다면 어떻게 키워야 할지, 만약 그 과정에서 그 사람이 부적합하다고 판단될 경우 어떻게 처리하면 좋을지 가르쳐주십시오.

오랜 세월 동안 혼자 결정하고 회사를 이끌어온 제가

이인자 자리에 어울리는 인물을 발탁할 경우, 공로가 있는 다른 간부들이 불만을 제기할 가능성도 있어 직원들이 모두 납득하고 따를 수 있는 인물을 잘 가려 육성하고 싶습니다. 부디 조언을 부탁드립니다.


[ 答 ]

**"이인자의 첫 번째 조건은 인품입니다."**

---

사내 인사에서 이인자를 고를 때 어떠한 기준으로 판단해야 하며 이인자를 육성할 때 어떤 점을 주의하면 좋을지, 그리고 만약 발탁한 사람이 이인자로 적합하지 않다는 사실을 나중에 깨달았을 때 어떻게 조치하면 좋을지에 대한 질문이군요. 솔직히 말하면 매우 어려운 질문입니다. 나 역시도 항상 고민하는 사안이기도 합니다.

우선 귀하와 같은 경영자들은 보통 사람들에게 없는 뛰어난 재능을 갖고 있다는 사실을 자각해야 합니다. 맨주먹으로 시작해 여러 개의 점포를 소유한 사업체를 키워 훌륭하게 경영하고 있으니까요. 그런 귀하가 보기에 보통 사람은 눈에 차지 않을 수밖에 없습니다. 귀하는 자신에 견줄 만한 능력이 있는 사람, 소위 '수완가'를 후계자로 삼고 싶어 합니다. 그런데 수완가라고 할 만한 사람에게 경영을 맡기면 능력이 있는 만큼 적극적으로 경영을 펼치다가 회사를 위기에 빠뜨리거나, 아니면 순조롭게 경영하다 오만불손해지는 등 말도 안 되는 일이 자주 생기더군요.

자신보다 뛰어난 능력을 지닌 사람에게 중책을 맡겨 회사를 발전시키고 싶어 하는 마음은 당연합니다. 하지만 안전한 사업 승계를 가장 중요하게 여긴다면 이인자의 조건으로 제일 먼저 고려해야 할 사항으로 '인격'을 꼽겠습니다. 보수적인 의견으로 느껴질지도 모르겠습니다만, 이인자로는 무엇보다도 마음이 깨끗하고 인간으로서 옳은 일을 관철해 나갈 올곧은 인물을 선택해야 한다고 생각합니다.

맹자는 "인仁은 사람의 마음이요, 의義는 사람의 길이다"라고 했습니다. 이인자에게는 기본적으로 부하를 대하는 배려와 최고경영자인 귀하에 대한 배려가 필요하므로 '인', '의', '성실'을 갖춘 사람을 뽑아야 합니다. 나는 재능 면에서 다소 부족하더라도 인품을 갖춘 인물을 과감하게 선택해야 한다고 믿습니다.

'재능에 이용당하는 사람과 재능을 이용하는 사람'이 있다고 하는데, 재능을 활용하는 주체는 인격이라는 사실을 인식해야 합니다. '성실', '공평', '공정' 같은 인격을 갖추지 못했는데 너무 머리가 좋은 사람은 그 재능에 자신이 휘둘리고 있다는 사실을 깨닫지 못하고 재능만을 내세웁니다. 하지만 그 재능을 자신이 다스릴 수 있을 만큼의 인격을 갖춰야 비로소 '재능을 이용하는 사람'이 될 수 있는 것이지요.

그다음으로 필요한 이인자의 요건은 '회계에 관한 지식'입니다. 장차 경영자가 될 사람이라면 대차대조표와 손익계산서에 기재된 계정 과목을 전부 알고 있어야 합니다. 회계에 어두우면 절대로 경영을 할 수 없기 때문입니다. 여기서 제가 말하는 회계는 상법상의 회계가 아니라 기업 경영을 해나가는 데 필요한 관리회계학입니다.

세 번째로 필요한 자질은 다른 사람의 말에 귀를 기울일 줄 아는 성품입니다. 자신의 재능과 지식이 뛰어나지 못하다면 부하 직원들의 뜻을 모아서 중대사를 결정할 수 있는 인물이어야 한다는 것이지요.

그래서 귀하가 말한 두 가지 유형 중에서 어떤 사람에게 자리를 물려줘야 할지를 묻는다면, 나는 견실한 사람을 택하겠습니다. 대인관계가 능숙하고 부하 직원들이 잘 따르지만 업무 처리 능력이 어중간한 사람은 선택하지 않을 것입니다. 경영자란 역시 성실해야 합니다. 성실한 사람은 다소 냉정하기 마련입니다. 하지만 '일만 잘해서는 안 된다'고 일깨워 주면서 함께 공부해 나가겠습니다.

다음으로 이인자를 어떻게 육성해 나가야 하느냐는 질문에 답하겠습니다.

첫째, 이인자로 지목한 인물과 귀하는 아주 단단한 신뢰 관계를 쌓아야 합니다. 하지만 자신이 먼저 신뢰하지 않으면 상대에게 신뢰받지 못하는 법이지요. 따라서 그 사람의 인간성과 신뢰성을 판단하기 위해 서로 깊은 대화를 나눠야 합니다.

둘째, 회계에 관한 지식이 부족하면 "앞으로 2개월 동안 강좌를 들으면서 공부하라"라고 적극적으로 권해서 빠른 시일 내에 지식을 습득하도록 해야 합니다.

더욱이 귀하가 지금 하고 있는 것처럼 인생 철학을 배우고 인격을 기르는 공부 또한 시켜야 합니다. 이렇게 해서 귀하와 공통된 철학을 갖고 있다는 확신이 생기고 신뢰 관계가 구축되었을 때, 비로소 업무와 책임을 맡길 수 있는 것입니다.

마지막으로 그렇게 발탁한 인물이 후일 적임자가 아니라고 판단되었을 경우의 처우입니다. 견실한 후계자를 선택했다는 전제하에, 귀하가 만든 회사를 지키고 조금이라도 성장시키는 데 공헌했다면 그 성과를 높이 평가하고 그걸로 만족해야 합니다. 결코 무능력하다고 지적하거나 불평해서는 안 됩니다. 즉, 이인자가 귀하와 똑같은 능력과 실적으로 회사를 발전시키는 것을 후임자의 판단 기준으로 삼으면 안 된다는 것이지요. 물론 회사를 견실하게 경영한다는 판단 기준에 비춰봤을 때도 부적격하다면 그때는 잘못 판단했음을 인정하고 다른 사람을 찾는 수밖에 없습니다.

중국 명나라의 유명한 사상가 여신오는 저서 『신음어呻吟語』에서 "총명재변聰明才辯은 세 번째 자질이다"라고 말했습니다. 즉, 머리가 좋고 재능이 있으며 말솜씨가 뛰어난 것은 리더의 세 번째 자질이라는 의미입니다. 그는 리더의 가장 중요한 자질이 '심침후중深沉厚重'이라고 말했습니다. 즉, 항상 깊이 생각하고 신중하며 중후한 것이야말로 제일 훌륭한 성격이라는 뜻입니다.

우리는 재능이 뛰어나고 영리하게 매출을 증가시키며 이익을 내는 사람을 더 높게 평가하는 경향이 있는데 사실 그렇지 않습니다. 물론 그런 재능이 아예 없어서는 안 되겠지만, 진정한 리더는 조직을 지키기 위해 깊이 생각하고 공평하게 행동하며 사사로운 욕심 없이 모든 일을 판단할 수 있는 사람입니다. 인물을 잘못 보면 안 됩니다.

거듭 강조하지만 이인자의 첫 번째 요건은 인품입니다. 실적이나 재능이 아니라 인간으로서 훌륭한 사람이어야 합니다. 둘째로는 관리회계학적 수치에 밝은 사람이어야 하고, 셋째로는 부하 직원의 의견에 귀를 기울이고 직원들의 지혜를 모아서 매사를 결정할 줄 아는 사람입니다. 그러므로 인품을 최우선으로 생각하며 인재를 등용해 그런 사람으로 키워나가야 할 것입니다.

# 기업은 사장의 그릇보다
# 커질 수 없다

●

[ 問 ]

## "임원의 발탁과 해고 및
## 외부 인재 등용은 어떻게 해야 하나요?"

저희 회사는 급식 사업과 웨딩 사업을 하고 있습니다. 아
버지는 창업자로, 지역 사회의 공직과 대외 업무로 바쁘
게 지내오셨는데, 그런 아버지를 돕고자 제가 5년 전부터
사장직을 이어받아 사업을 발전시켜 왔습니다. 지금까지
순조롭게 경영해 올 수 있었던 것은 물론 아버지가 닦아

놓은 기반과 신용 덕분이지만 제가 입사할 당시 연 매출 5억 엔에 직원 수 40명이었던 회사가 그룹 전체의 연 매출 44억 엔에 직원 수 180여 명의 규모로 성장했기에 그저 감개무량할 따름입니다.

저는 사장으로 취임한 이후 '제2의 창업'이라는 목표를 세워 적극적으로 다각화를 꾀했습니다. 특히 5년 전부터 사업부 체제를 도입해 전체 4개의 회사를 총 8개 사업부로 나누고 사업부별로 이사를 임명해 운영하고 있습니다.

하지만 당초에 경력 연수와 인품을 기준으로 임명했던 중역들 사이에서 격차가 벌어지기 시작했습니다. 그래서 저는 능력과 리더십이 부족해 중역으로서의 역할을 제대로 완수하지 못하는 사람을 어떻게 처우해야 좋을지 고민하고 있습니다. 이와 관련해 학장님께 조언을 듣고자 합니다. 첫째, 한번 중역으로 임명한 사람에게 강등 조치를 내려도 되는지요? 게다가 임원직에서 물러나게 할 경우 회사를 그만두라고 말해야 할지, 아니면 스스로 사직서를 내게 유도해야 할지도 모르겠습니다.

둘째, 인재를 등용할 때 유의할 점입니다. 이번에 강등시키고자 하는 임원 중에는 과거의 공로를 인정해 임명

한 사람이 많아서, 같은 실수를 되풀이하지 않기 위해 과
감하게 그동안 육성해 온 젊은 직원을 발탁하려고 마음
먹었습니다. 이때 무엇을 유의해야 할지요?

셋째, 외부에서 중역을 영입할 때 주의해야 할 사항입
니다. 저희 회사는 인사와 관련해서는 오랜 세월 동안 보
수적인 방침으로 일관해 온 만큼 외부에서 중역을 영입
하면 직원들이 동요하지 않을까 걱정이 됩니다. 무엇보
다도 직원들에게 냉혹한 사장이라는 인상을 심어주는 건
아닐지, 이런저런 생각으로 무척 고민이 많습니다. 학장
님께서 교세라를 크게 발전시키는 과정에서 직접 체험하
고 판단한 사례가 있다면 듣고 싶습니다.

[ 答 ]
**"기업은 경영자의 역량보다 크게 성장하지 못합니다."**

---

귀하는 2세 경영자인데도 창업자 못지않은 실적을 일궈
냈으니 참으로 대단합니다. 질문에 대한 대답에는 약간
벗어나지만, 먼저 교세라가 아직 소규모였을 때 간부들에

게 했던 이야기를 들려드리지요. 어디서 들었는지는 정확히 기억나지 않지만 나도 감탄했던 이야기입니다.

아주 먼 옛날에 날씨를 기가 막히게 정확히 알아맞히는 걸인이 있었습니다. 그 걸인은 다리 밑에 살았는데 "내일은 비가 올 거야" 하고 말하면 틀림없이 다음 날 비가 내렸다고 합니다. 어느 날 영주가 그 이야기를 듣고 "전쟁할 때 도움이 되겠군. 그자를 데려오거라" 하고 명하여 부하로 들였습니다. 그런데 부하가 되고 나서는 일기 예측이 하나도 맞지 않는 것입니다. 이상하게 여겨 상세히 조사해 보았더니 이는 환경이 변한 탓이었습니다. 다리 밑에서 걸인 생활을 할 때는 목욕을 한 적도 없고 언제나 더러운 속옷을 입고 있었기에 습기가 많은 날이면 허벅지 안쪽이 끈적끈적해졌고, 그때마다 "내일은 비가 오려나" 하고 말하니 반드시 비가 내렸던 것입니다. 그런데 영주의 성으로 들어가 깨끗한 무사 복장으로 지내게 되었으니 더 이상 날씨를 예측할 수 없었지요.

이렇듯 사람에게는 저마다의 상황과 입장이 있습니다. 무척 우수해 보여도 그 사람이 어떻게 우수한 것인지 그 실체를 잘 알아야 합니다. 즉, 현장에서는 뛰어난 능력을 발휘하던 사람이 관리직이 되면 별 성과를 내지 못할 수도 있다는 사실을 이 옛날이야기를 빌려 말씀드렸습니다.

다시 귀하의 질문으로 돌아가 봅시다. 먼저, 현재 사업부 제도를 도입해 많은 간부를 등용했지만 임원으로서의 자질과 능력이 부족한 사람도 있기에 그들을 어떻게 처우해야 하는지 모르겠다는 질문이었습니다. 특히 과거의 공로를 인정해 임원으로 앉힌 사람 중에서 그런 인물이 많다는 점도 문제시하고 있군요.

만약 귀하와 그 임원들과의 사이에 신뢰가 쌓여 있다면 당사자를 불러 충분히 이야기한 뒤에 강등시켜도 좋다고 생각합니다. 직원들이 '사장님이 너무 냉정하군!' 하고 생각해도 어쩔 수 없습니다. 오히려 업무를 제대로 수행하지 못하면 강등될 수도 있다는 사실을 조직 내에 주지시킬 수 있기에 그렇게 하는 편이 낫습니다. 이는 사장인 귀하와 회사 직원들 사이의 인간관계와 신뢰에 달린 문제입니다. 그만큼 과감한 조치를 취해도 부하 직원들이 귀하를 따를 것이고 신뢰와 존경이 변함없으리라는 자신감이 있다면, 귀하의 소신대로 감행해도 좋습니다.

하지만 그 정도의 신뢰 관계가 없다면, 당사자를 불러

그에게 임원으로서 업무 능력이 부족함을 지적하되 강등
시키지는 말고 다른 부문의 업무를 맡기는 것이 좋습니
다. 따라서 그만두게 할지, 사표를 내도록 유도할지는 귀
하가 당사자와 신중하게 논의하고 충분히 대화를 나눈
후 그의 선택에 따라 결정할 문제입니다.

다음으로 공로가 있는 직원을 임원으로 등용해야 하는
지에 관한 고민입니다. 일본 개화기의 정치가인 사이고
다카모리는 "덕이 높은 사람에게는 지위를, 공적이 많은
사람에게는 보상을 주어야 한다"라고 강조했습니다. 즉,
관직은 사람을 잘 가려 임명해야 하는 자리이니 공로가
있는 사람에게는 자리가 아니라 녹봉, 그러니까 돈으로
보상해서 보살피라고 가르친 것입니다. 기업의 경우라면
임원이라는 관직은 열심히 일한 사람에게 포상으로 주는
자리가 아니며, 임원으로 발탁하려면 반드시 그만한 능력
이 있는 사람을 등용해야 한다는 뜻이겠지요.

하지만 실제로 나는 공로를 높이 평가해서 임원으로
승진시킨 적도 있었습니다. 그때는 되도록 경영의 핵심
역할이 아닌 자리에 앉혔습니다.

두 번째 질문은 발탁 인사를 할 때 유의할 점이군요. 발

탁 인사는 뛰어난 재능을 갖고 있거나 눈에 띌 만한 실적을 올린 사람을 파격적으로 승진시키는 일입니다. 이때 가장 경계해야 할 사항은 사장이 자의적으로 발탁했다는 인상을 주는 것입니다. 그런 오해를 사지 않으려면 나이는 젊지만 주위 사람들이 모두 인정하는 능력과 실적을 갖춘 사람을 발탁해야겠지요. 그런 의미에서 발탁 인사를 단행할 때는 그 근거를 분명하게 고지해야 합니다. 또한 발탁한 인재에게는 잊지 말고 경영 철학을 가르쳐야 합니다.

"임원으로 발탁되었다고 해서 나이도 젊은데 선배들에게 거만하게 굴면 안 됩니다. '아직 부족합니다만 이번에 사장님께서 저를 임원으로 임명해 주셔서 중책을 맡게 되었습니다. 아무쪼록 잘 부탁드립니다' 하고 인과 의를 갖춰서 부하 직원들에게 먼저 고개를 숙이세요."

이처럼 가장 먼저 겸허한 자세를 가르치고 노력을 게을리하지 않도록 만드는 것이 중요합니다.

세 번째 질문은 외부에서 인재를 영입할 때 주의해야 할 사항이군요. 결론부터 말하면, 직원들이 외부 인재 영입을 거부감 없이 받아들일 수 있는 풍토를 조성해야 합니다.

내 경험에 비추어 조언을 드리겠습니다. 나도 교세라가 점점 성장을 거듭하면서 만성적인 인재 부족 현상을 겪어 간부급 인재를 외부에서 영입한 적이 있습니다. 나는 그때 창업 당시부터 함께 애써온 사람들에게 이렇게 당부했습니다.

"저는 회사를 발전시키기 위해 앞으로 외부에서 우수한 인재를 영입할 계획입니다. 그러면 외부에서 온 사람이 여러분의 상사가 될 수도 있습니다. 여러분이 '당신은 사장이니까 상관없겠지만 당신과 함께 만든 회사이니 우리는 참을 수 없어!'라고 생각한다면 영입은 포기하겠습니다. 하지만 기업은 경영해 나가는 사람의 역량 이상으로는 발전할 수 없습니다. 여러분이 '우리가 독불장군처럼 좌지우지하다가는 회사가 성장을 멈출지도 몰라. 주식도 갖고 있는데 회사가 발전하지 못하면 곤란하지. 더욱 크고 훌륭한 회사로 만들기 위해서라면 괜찮아!'라고 생각한다면 외부에서 인재를 맞아들입시다."

사실 이런 논의를 자주 해왔기에 간부들은 "사장님, 회사가 잘된다면 그런 우수한 인재가 상사로 와도 상관없습니다" 하고 흔쾌히 동의해 주었습니다. 나는 이런 풍토가 갖춰져 있다면 회사가 발전하는 과정에서 외부 인재를 영입하는 것도 괜찮은 방법이라고 생각합니다.

다만 회사를 받치고 있는 사람은 결국 '선하고 인품이 좋은 사람'이라는 사실도 꼭 기억해 주십시오. 창업 당시 교세라는 완전히 만족스러운 인재를 확보하는 데 어려움을 겪었습니다. 그래서 회사를 키우려고 무리해서 대졸 사원을 채용했지요. 그렇게 채용한 사람들은 역시 머리도 좋고 센스도 빨랐습니다. 그들 가운데서 장래의 간부 후보로 몇몇을 점찍었지요. 그런데 그들은 앞일을 전망할 줄 알아서 그런지 하찮은 업무나 그다지 두드러지지 않는 업무는 하지 않으려고 했습니다. 그런 일을 시키면 불평을 하다가 회사를 그만두기 일쑤였지요.

반면에 보기에는 그다지 믿음직스럽지 않던 사람이 꾸준히 노력하고 하찮은 일도 묵묵히 하면서 창의적인 연구를 계속하더니, 지금의 하이테크 교세라를 든든히 지탱해 주고 있습니다. 이렇듯 장기적인 관점으로 볼 때 더욱 큰 성과를 내는 사람은 영민한 머리가 아니라 선한 마음과 올곧은 성품을 지닌 사람입니다.

앞서 말한 이야기를 또 빌려오자면, "사장님이 영입한 인재가 상사로 와도 좋습니다"라고 말해준 사람들은 그만큼 도량이 크므로 항상 노력을 아끼지 않더군요. 그래서 발전하는 것입니다. 결국 그들은 나중에 외부에서 영입된 우수한 간부가 감탄할 정도로 훌륭한 인물로 성장해 현재도 교세라를 이끌고 있습니다.

옛날 일이 떠올라 말이 약간 길어졌지만 양해해 주길 바랍니다. 내 이야기가 귀하의 고민을 해결하는 데 도움이 되면 좋겠습니다.

기업을 성에 비유하자면
사람은 돌담이다.
성을 이루는 돌담은
커다란 돌만으로는 쌓을 수 없다.
커다란 돌들 사이에
작은 돌이 몇 개씩 채워져 있기에

돌담은 견고하게
성을 지탱할 수 있는 것이다.

4장

인격을 드높여 존경받는 경영자가 되라

'회사는 자신의 생각을 실현하기 위한 곳이 아니라 무엇보다 직원의 생활을 지켜주고 행복한 인생을 가져다주기 위해 존재해야 한다. 그것이야말로 회사의 사명이고 경영의 의의다.' 이렇게 마음을 다잡고 각오를 굳혔더니 답답하게 꽉 막혔던 가슴이 시원하게 뚫리고 안개가 걷히듯이 기분이 맑아졌다. 그저 사고방식을 바꾸고 마음을 고쳐먹은 것뿐인데 나를 둘러싼 모든 안 좋은 상황이 안개가 걷히듯 말끔히 사라진 기분이었다. 나는 심기일전하여 회사의 미션을 '전 직원의 행복을 물심양면으로 돕는다'로 결정했다.

# 존경받을 만큼
# 노력하라

●

**"훌륭한 아버지의 후계자로서 어떤 일을 해야 할까요?"**

---

저희 회사는 창업 100년을 맞은 오너 기업입니다. 저는 대학교를 졸업하고 나서 3년 동안 다른 회사에서 일하다가 아버지 회사로 이직했고, 그로부터 4년이 지난 지금은 전무이사직을 맡아 영업부를 총괄하며 경영에도 일부 참여하고 있습니다. 장래에는 아버지에게 회사를 이어받을 예정입니다. 그런 제가 명심해야 할 일에 대해 알고 싶습

니다.

아버지는 3대 사장으로, 지방에 있는 소규모 상사에 불과했던 회사를 연 매출 100억 엔에 달하는 큰 기업으로 성장시켰습니다. 그뿐만 아니라 신규 사업에 진출해 연 매출 500억 엔의 제조사로 키우는 등 오랜 경험과 독자적인 경영 이념을 토대로 50년 가까이 제일선에서 회사를 경영해 오셨습니다. 제게 아버지는 거의 신 같은 존재입니다.

하지만 아버지는 올해로 70세가 되어, 머지않아 제가 세대교체를 해야 합니다. 장남인 제가 회사를 잇는다는 사실에는 주위 사람 모두 이견이 없지만, 뛰어난 실적을 남긴 아버지의 후계자로서 제대로 리더십을 발휘할 수 있을지 솔직히 자신이 없습니다. 아버지와 함께 살고 있기 때문에 문제가 발생할 때마다 구체적인 대책을 상의하고 있긴 합니다만, 직접 경영 철학을 배우거나 전수받은 적은 없습니다.

그래서 회사 직원 모두에게 존경받는 아버지에게 사장 자리를 물려받을 후계자로서 앞으로 어떤 마음가짐을 가져야 할지, 무엇을 준비해야 할지에 대해 조언을 구하고 싶습니다. 그리고 사장에 취임했을 때 간부들과 직원들을 어떠한 태도로 대해야 할지도 학장님께 여쭙고 싶습니다. 부디 고견을 들려주십시오.

[ 答 ]

**"누구에게도 지지 않을 만큼 노력하세요."**

귀하는 70세가 된 아버지를 '신 같은 존재'라고 말했습니다. 보통 가까이에서 함께 일하다 보면 반발심을 갖게 되는 경우가 많은데, 아버지를 그렇게 존경하는 귀하도 훌륭하다고 생각합니다. 하지만 귀하가 보기에 아버님이 신이라면 직원들에게는 그 이상의 존재일 것입니다. 그러한 아버지의 뒤를 이어야 하는 입장이니, 모두가 순순히 따라와 줄지 걱정하는 마음도 충분히 이해가 갑니다.

내가 경험해 보지 못한 무척 어려운 문제입니다만, 결론부터 말씀드리면 자신을 따르게 하는 존재가 바로 리더이므로 귀하가 노력해서 직원들로부터 존경받는 수준에 이르러야 합니다. 존경받는 사장이 된다면 모든 직원이 귀하가 하는 말을 받아들이고 따를 것입니다. 하지만 지금 존경을 한 몸에 받고 있는 사람은 귀하가 아니라 아버님이므로, 이런 말을 해봐야 별 도움이 되지 않겠군요.

우선 최소한의 철칙으로 '겸손한 마음가짐'이 필요합니다. 다른 사람에게 존경을 받는 토대는 인격과 식견입니다만, 이는 단기간에 이루어지는 것이 아니므로 존경받을 만한 재능과 식견을 갖추지 못했다면 인품으로 끌어당겨야 합니다. 여기서 인품이란 바로 '겸허한 마음'과 '성실하고 진지한 태도'를 뜻합니다.

만약 사장으로 취임한다면 귀하는 우선 겸허한 자세로 아버지 대부터 함께 회사를 키워온 간부들에게 예의를 갖춰 인사를 드려야 합니다. 먼저 자리를 마련해 "많이 부족해서 아직 걸맞은 그릇이 아닐지도 모르지만, 이번에 사장이라는 중책을 맡게 되었습니다"라고 인사하며 협력을 부탁하세요. 그리고 이렇게 선언하는 것입니다.

"제 임무는 아버지에게 물려받은 가업을 지키는 일입니다. 하지만 여러분이 회사를 위해 노력해 주신다면 저는 온 힘을 다해 고용을 유지하고 제가 할 수 있는 범위에서 보답할 생각입니다. 그리고 우리 회사를 더욱 좋은 회사로 키우기 위해 솔선수범하고 늘 선두에 서서 가장 열심히 일하겠습니다."

역시 가장 공감을 얻을 수 있는 리더는 부하를 위해서 고생하는 리더입니다. 사장이 솔선수범해서 열심히 노력한다면 직원들은 반드시 따라오게 되어 있습니다. 하지만 직원들 중에는 머리가 좋은 직원이 있는가 하면 관리자급 간부나 귀하보다 나이가 많은 직원 등 다양한 사람이 있지요. 귀하가 예의를 갖춰 대하고 열심히 노력해서 의견을 냈는데도 무조건 믿음직스럽지 못하다면서 반발한다면 견디기 힘들 것입니다.

이럴 때는 어느 정도의 뚝심도 필요합니다. 직원들을 위해 평소에도 노력하고 있다는 사실을 강조하려면 비장의 무기를 꺼내야 합니다.

"아직 아버지의 능력에는 미치지 못하지만 그 사실을 충분히 인식하고 있으며, 될 수 있는 한 제대로 사장 역할을 해나가고자 합니다. 그런데 사사건건 트집을 잡거나 비난한다면 아무 일도 할 수 없습니다. 저는 사장입니다. 제 의견에 따라와 주지 않으면 곤란합니다. 제가 하는 말을 따를 수 없다면 당신은 회사에 더 이상 필요 없습니다."

사장이라면 이렇게 말할 수 있는 용기를 내야 합니다.

이처럼 사람들을 이끌어가는 데는 인격과 식견으로 대하는 방법과 권한을 행사하는 방법 두 가지가 있습니다. 전무인 귀하는 언젠가 다가올 그때를 대비해 솔선수범해서 그 누구에게도 지지 않을 만큼 노력해 나가야 합니다. 직원들이 이를 느껴 "전무님이 가장 열심히 일하시잖아"라면서 지지할 수 있도록 정진하라는 뜻입니다.

그리고 몇 년 동안 착실히 공부해, 직원들을 모아놓고 이야기할 때는 듣는 사람의 마음을 움직일 만한 멋진 이야기를 할 수 있어야 합니다. 성서에도 첫머리에는 '태초에 말씀이 계셨다'라는 구절이 나옵니다. 말이라는 것은 그 정도로 중요합니다. 그 수준이 되려면 공부가 필요합니다. 직원들이 "전무님이 요 몇 년 사이에 완전히 달라지셨어" 하고 놀랄 정도로 지금부터 공부하세요. 웬만한 노력으로는 인격과 식견을 갖출 수 없습니다.

"인격을 기르고 경영을 신장시켜라."

이것이 바로 귀하의 질문에 드릴 수 있는 해답입니다.

# 직원들과
# 탄탄한 관계부터 구축하라

●

[ 問 ]

"장인어른의 뒤를 이어 경영자가 되었습니다.
저 같은 경영자는 어떻게 리더십을 발휘할 수 있을까요?"

저희는 잡화 도매업을 하는 회사로, 연 매출은 10억 엔
규모입니다. 저는 대학교를 졸업한 뒤 5년 동안 직장 생
활을 한 후 결혼하면서 현재의 회사에 입사했습니다. 지
금으로부터 15년 전의 일이었지요. 그리고 3년 전에 장인
어른인 현 회장의 뒤를 이어 3대 사장으로 취임했습니다.

저는 사장으로 취임한 후 회사의 시스템을 변혁하려고 노력했습니다만, 제 역량 부족 때문인지 현 회장의 영향력에서 벗어나지 못했고 사장으로서의 리더십 또한 발휘하지 못하고 있습니다. 이 문제로 학장님께 조언을 구하고자 합니다.

　현재 유통 업계의 과열 경쟁이 심각해 다들 공격적으로 가격 인하를 단행하고 있습니다. 그러다 보니 체제가 완전히 무너져 '가격 파괴'까지 이르렀습니다. 게다가 지역 소매업의 불황까지 겹쳐 저희 회사는 점점 매출과 이익이 줄고 있습니다. 저는 회사가 살아남기 위해서는 반드시 새로운 분야에 도전해야 한다고 판단했습니다. 이를 위해 도매 경험을 살려 소매업에 진출하고, 영업 방법을 개혁하면서 신제품 시장도 개척하라고 지시했습니다. 그러나 15년 동안 아무 변화 없이 일해온 간부진과 구태의연한 조직이 개혁을 가로막고 있어서 전반적으로 지지부진한 상태입니다.

　회장님은 작은 규모였던 가업을 큰 규모의 기업으로 키웠다는 것에 강한 자부심을 가진 엄격한 분이십니다. 저를 무척 배려해 주시고, 사업의 기초부터 경영까지 전부 지도해 주신 은인입니다. 회장님은 제게 생각대로 해 보라며 결재 권한을 모두 넘기셨습니다만 종종 관여하시는 경우도 있다 보니 간부들도 결국 회장님의 말을 따릅니다. 그래서인지 제 리더십은 점점 더 약해지는 것 같습니다.

회사의 규모는 작지만, 사장을 맡으면서 새삼 책임이 무겁다는 것을 통감하고 있습니다. 하지만 한편으로는 혁신이 제대로 진척되지 않는 것 같은 지금 이 상황이 무척 답답합니다. 게다가 회장과 중역들 그리고 직원들 앞에서 계속 조심하고 지나치게 의식하는 스스로에게 짜증이 나기도 합니다. 최근에는 직원들도 저를 닮아가는 것 같습니다. 사장인 제게 이렇다 할 확신이 없으니 직원들에게도 그 영향이 미치는 것이겠지요.

자신감 없는 사위 사장이 당장 무엇을 해야 할까요? 꾸지람을 들을 각오로 이렇게 질문합니다. 조언을 부탁드립니다.

## [ 答 ]

## "신뢰 관계를 구축해야 합니다."

무척 솔직한 질문이어서 귀하의 고민이 더욱 마음에 와 닿습니다. 귀하는 장인이자 현재의 회장님을 매우 좋은 분이라고 느끼고 있군요. 기초부터 경영을 가르쳐준 은인이면서 귀하가 일하기 편하도록 사장 직책을 물려주고 권한도 주었으니 순수한 귀하가 그렇게 느끼는 것도 당연합니다.

하지만 사실 문제는 거기서 시작되었다고 생각합니다. 그렇게 존경하는 장인과 귀하 사이에는 절대로 대등하게 맞설 수 없는 인간관계가 바탕에 깔려 있습니다. 게다가 모든 직원들은 원래부터 장인어른의 부하 직원이었으며, 지금도 사장이 아닌 회장을 보며 일을 하고 있습니다. 이러한 상황에서 귀하가 자신의 방침을 강하게 밀고 나가면 지금껏 유지해 온 장인과 사위 관계에도 골이 생길 뿐만 아니라 조직도 혼란해질 수 있습니다.

귀하가 새로 시도하려는 일들이 계획대로 진척되지 않는 까닭은, 그 변혁이 지금까지 장인어른이 해오던 업무

방식을 바꾸는 것이기 때문입니다. 극단적으로 말하면 장인이 회사를 키워온 방식을 부정하는 셈이니까요. 회장과 사장이 대립하면 부하 직원들은 누구를 따라야 할지 망설이게 되고 점점 혼란스러워집니다.

귀하는 결혼한 아내의 아버지가 마침 회사를 경영하고 있었기 때문에 사장이 된 것이지, 스스로 길을 개척해 사장의 자리에 오른 것이 아닙니다. 그러니 애초부터 리더십이 약할 수밖에 없습니다. 게다가 귀하는 착실하고 자상한 성격이라 어떤 일을 혼자 하려고 하면 더욱더 약한 면이 드러나지요. 자신감 있게 일하지 못하니 직원들도 그것을 알아챌 테고요. 귀하의 고민이 깊어지는 건 당연합니다.

그러므로 귀하는 자신의 방침을 직원들에게 직접 전할 게 아니라 장인에게 먼저 이야기해야 합니다. 먼저 장인의 경영 방식을 긍정한 뒤에 귀하의 생각을 이해시켜 동의를 얻는 것입니다. 그러고 나서 마치 장인의 의지인 것처럼 전 직원에게 귀하의 방침을 전하는 게 좋겠습니다.

"아버님을 무척 존경하고 있습니다. 제가 아직 많이 부족하지만 사장으로 발탁해 주셨으니 아버님이 일군 이 회사를 더욱 훌륭하게 키우고 싶습니다. 그래서 이렇게 하면 좋을 것 같은데 아버님 생각은 어떠십니까?" 하고 말씀해 보세요.

남들이 보면 '저 사위와 장인, 아주 사이가 좋은가 봐. 늘 함께 있는 것 같아'라고 생각할 만큼 계속 장인을 찾아가 이야기를 나누는 것입니다. 그래서 장인이 "그게 좋겠군. 자네가 생각한 대로 하게나" 하고 찬성해 주면 그 기회를 놓치지 않고 바로 이렇게 부탁하는 것입니다.

"그럼 죄송합니다만 회장님이 발안한 것으로 해서 간부들에게 직접 말씀해 주시겠습니까?"

그렇게 장인이 간부들에게 지시를 내리면 귀하는 이렇게만 덧붙이고 이끌어가면 됩니다.

"여러분, 회장님이 말씀하신 대로입니다. 회장님의 방침은 제가 수행하겠으니 모두 힘을 모아 열심히 해나갑시다."

임원진은 모두 회장인 장인을 따르고 있으니 장인의 힘을 빌리지 않으면 결코 귀하를 따르지 않을 것이고, 귀하가 장인과 논의도 하지 않고 독단적으로 일을 진행하려 든다면 임직원들과의 관계도 악화될 것입니다.

세상에는 연배 있는 분에게 편하게 다가가 이런저런 고민을 털어놓고 조언을 구하는 사람들도 많습니다. 사람이란 신기하게도 누군가 넉살 좋고 살갑게 대하면 처음에는 무례하다고 생각했다가도, 어느새 이야기를 들어주고 조언을 해주기 마련이지요. 귀하는 사위이므로 장인이 가까운 듯 먼 존재로 느껴질 겁니다. 그래도 나는 오히려 타인인 사위가 친아들보다 더 친해질 수 있다고 생각합니다. 친아들은 아버지에게 조언을 구하러 찾아가지도 않을뿐더러 조금만 싫은 소리를 들으면 금세 뚱한 표정을 지으니, 사위가 더 아버님의 마음을 파고들기 쉬울 것입니다. 착실한 성격을 가진 귀하이므로 더더욱 그 방법을 권하고 싶습니다. 고지식할 정도로 착실한 사람은 행여예의에 어긋날까 조심스러워 어른을 자주 찾아가지 못하는 경향이 있습니다. 그러면 내심 존경하고 있다고 해도 관계는 멀어질 수 있습니다.

이런 문제는 사위가 아니더라도 후계자라면 누구나 안고 있는 고민입니다. 친자식이라면 무심코 "아버지 생각은 시대에 뒤처진다고요"라는 말이 튀어나와 선대 경영자와 부딪치는 일도 많습니다. 따라서 아직 충분한 실적이 없는 후계 경영자라면 다투거나 대립하지 말고 지혜로운 발상을 선대 경영자에게 제안하되, 직원들에게 전달할 때는 선대의 의견인 것처럼 해서 자신의 방침을 전달해야 합니다. 이 방법을 택하면 경영권이 보다 원활하게 계승될 수 있습니다. 즉, 탄탄한 인간관계가 형성되기 전에 견해 차이로 분쟁을 일으키면 안 된다는 뜻입니다. 분쟁은 미움과 증오를 낳을 뿐이니까요.

나는 교세라를 창업할 당시 회사 설립을 지원해 주고 사장까지 맡아준 고마운 은인에게 "당신의 능력으로는 더 이상 회사를 이끌어나갈 수가 없습니다. 제가 경영할테니 사장 자리에서 물러나주십시오" 하고 사장직을 그만두게 한 적이 있습니다. 하지만 그분은 그 후로도 나를 매우 존중해 주었고 나 역시 지금까지 감사하고 있습니다. 그분은 내가 찾아가면 반색하며 현관까지 나와 맞아줍니다. 이렇듯 평소에 얼마나 탄탄한 관계를 맺어왔는지가 중요합니다. 신뢰 관계가 뒷받침되지 않은 상태에서 그만두어달라고 말하고 좋은 관계를 유지하기는 어려운 법이니까요.

# 어느 때나
# 사람을 우선하라

●

## "중소기업의 세습 경영은 옳은 일인가요?"

저희 회사는 뉴 세라믹이 아니라 올드 세라믹, 즉 도기 제조 업체입니다. 92년 전에 할아버지가 창업했고, 아버지를 거쳐 현재는 제가 3대째 경영하고 있습니다. 식기와 타일을 주력으로 제조하고 있지요. 저는 올해 61세가 되는데, 후계자 문제로 고민하고 있어서 우선 중소기업의 세습 경영이 옳은 일인지부터 여쭤보고 싶습니다.

제게는 25세인 아들이 있는데 대학을 졸업한 후 저희 회사가 납품하고 있는 거래처에서 4년째 근무하고 있습니다. 저는 가능하면 10년이나 15년 후 아들에게 사업을 물려주고 싶다고 생각하고 있습니다.

그런데 사실 저는 지금까지 경영 세습을 무척 부정적으로 생각해 왔습니다. 대기업에서조차 경영 세습이 빈번히 이루어지는 것을 보고 이것이 과연 바람직한 현상일까 하는 의구심을 품고 있었습니다. 그래서 예전부터 세습은 하지 않겠다고 공언하신 학장님을 보며 무척 훌륭하다고 생각하기에 경의를 갖고 있었습니다. 하지만 경영권을 세습하는 사람들을 비난하고 학장님을 존경해 왔으면서도, 인간이란 참으로 나약한 존재여서인지 저도 가능하다면 아들을 후계자로 삼고 싶다는 바람이 생기더군요.

특히 저희같이 영세한 기업에는 대학을 졸업한 우수 인재가 좀처럼 오려 하지 않습니다. 저는 젊을 때 질병을 앓은 탓에 어쩔 수 없이 고교를 중퇴했고 그 때문에 고생을 겪어왔습니다. 그래서 솔직히 대학을 졸업한 아들에게 뒤를 잇게 하고 싶은 욕심이 있습니다. 반면에 귀하게 키운 아들에게 사업을 물려줌으로써 고생을 시키고 싶지 않은 것도 있고, 무엇보다도 직원들에게 공정한 처사가 아니라는 생각도 들어서 후계자 문제로 무척 고민하고 있습니다.

그래서 우선 경영 세습에 관한 학장님의 솔직한 생각과 비판적인 의견을 듣고 싶습니다. 그리고 만약 아들에게 사업을 대물림할 경우, 현재 사장인 제가 후계자와 직원들에게 최소한으로 해줘야 할 일이 무엇인지도 듣고 싶습니다.


[ 答 ]

## "사원들의 고용 안정만 지킬 수 있다면
## 경영 세습을 해도 괜찮습니다."

귀하의 질문을 들어보니 내가 조언할 필요가 없을 정도로 잘 알고 계시는군요. 귀하는 예전부터 세습 경영에 비판적이었는데도 현재는 아들이 사업을 잇게 하고 싶다고 솔직한 심정을 토로했습니다. 사람은 이성적일수록 혈육의 애정에는 저항하기 어려운 법입니다. 자신의 생각에 모순을 느끼면서도 말입니다. 하지만 그렇게 고민했다는 것 자체로 이미 면죄부가 주어진 게 아닐까요?

나는 지금까지 경영권을 세습하지 않겠다고 공언했으며 실제로 그렇게 하고 있습니다. 하지만 세이와주쿠 여러분에게는 "그렇다고 해서 저를 따라 하실 필요는 없습니다"라고 말해왔습니다. 나는 경영을 대물림하지 않는 편이 아름답고 훌륭한 선택이라고 생각하지만, 그렇다고 해서 대물림을 택한 사람이나 후계 경영자들이 떳떳하지 못할 이유는 없다고 생각하기 때문입니다.

귀하가 직원들에게 공정하지 못한 처사라고 말한 심정도 잘 알지만, 귀하도 아드님도 사업가 집안에서 태어났습니다. 선대의 뒤를 이어 사장의 직책을 맡아 고생하며 열심히 노력해 회사를 훌륭하게 이끌어왔다면, 인간인 이상 자식에게 물려주고 싶은 감정이 생기는 건 당연합니다.

우선 첫 번째 질문입니다만, 나는 경영 세습을 비판할 마음이 없습니다. 특히 가업으로 이어온 사업은 대물림해도 괜찮으며 오히려 마땅히 그래야 한다고 생각합니다. 내 경우는 처음부터 세습 경영을 하리라 생각한 적도 없고 지금은 회사가 너무 성장하여 사회에 미치는 영향력이 무척 커졌기 때문에 이제 와서 세습 경영을 할 수도 없습니다. 하지만 중소기업이라면 가업으로서 세습되어도 전혀 문제없습니다.

두 번째로 사장인 귀하가 해야 할 일에 관해 질문하셨습니다. 기업은 영원히 계속되어야 합니다. 그러므로 뒤를 이을 사람이 어떤 마음으로 물려받느냐가 매우 중요하지요. 할아버지와 아버지가 만든 회사이므로 물려받는 것이 당연하다고 생각해서는 안 되며, 사장이 되어 편하게 살겠다는 안일한 마음을 가져도 안 됩니다.

귀하는 아들에게 앞으로 영원히 발전시켜야 하는 기업의 후계자로서 직원들을 지키고 고용을 유지하는 것이 경영자의 역할이라는 대의명분을 확실히 전해주어야 합니다.

"한 사람 먹고살기도 어려운 세상에서 직원들의 생계를 책임지고 그 가족의 생활을 지켜주기란 여간 어려운 일이 아니다. 직장인이라면 능력에 알맞은 대우를 받으며 평온하게 살 수 있겠지만 너는 가업을 물려받은 만큼 네 능력 이상으로 고생해야 한다. 그것이 증조부, 조부, 나 그리고 네게로 이어지는 가업 경영자로서의 운명이다."

이렇게 말하며 아들이 단단히 각오를 다질 수 있게 해주어야 합니다. 또한 아직 직원들에게 후계자의 실력을 검증받지 못한 상태이므로 직원들을 항상 겸허하고 진지하게 대하라고 일러주고, 마뜩잖아하는 간부들을 모아 아들이 깍듯이 예의를 갖춰 이렇게 직접 인사하게 해야 합니다.

"이번에 제가 가업을 이어받게 되었습니다. 모르는 것이 많지만 잘 부탁드립니다. 능력이 부족한 만큼 솔선수범해서 노력하겠습니다."

다소 억지일지도 모르지만 중소기업이라면 주식을 전부 오너 가족이 소유하고 있는 경우가 많습니다. 따라서 귀하의 아들이 가업을 물려받는다면 가산을 지켜야 할 책임 또한 생기는 것이지요. 아들에게 "집의 재산을 쓰는 한이 있어도 직원들을 지켜야 한다"라고 현실성 없는 번지르르한 말을 할 필요는 없습니다. 그보다는 증조부가 일군 재산을 지켜야 할 책임이 있다는 것을 강조하고, 신중하게 경영하도록 독려하세요.

하지만 재산을 지키는 데만 너무 집착하면 아궁이의 재까지도 자신의 소유라고 여기게 됩니다. 그러면 직원들이 재산을 축내지나 않을까 경계하게 되어 아군이자 동지인 직원들을 적으로 보게 되지요. 그야말로 심각한 문제입니다. 그런 수동적인 자세로는 재산을 지킬 수 없습니다. 직원들과 한마음이 되어 회사를 발전시켜야 비로소 재산을 지킬 수 있는 것입니다. 즉, 재산을 지키는 일과 사원을 지키는 일은 결국 동의어입니다.

　이처럼 가업을 대물림하는 경우에는 아버지에게 물려받은 재산을 지키는 동시에 직원들도 지켜야 합니다. 그러나 만약 귀하가 월급쟁이 사장에게 자리를 물려주면, 그 사람은 귀하 집안의 재산과 상관이 없으므로 그것을 지켜야 한다는 의식이 희박할 것입니다. 경우에 따라서는 직원들의 고용 보장을 위해 회사 재산을 조금씩 매각할지도 모릅니다.

　이런 생각은 다소 비약일지도 모르지만 '재산을 끝까지 지키는 일'과 '직원들을 소중히 하는 일', 이 두 가지를 충실히 실천하면서 기업을 발전시키려면 세습 경영을 하는 쪽이 더 적합하다고 생각합니다. 그러니 아들을 후계자로 삼겠다고 결심했다면 더 이상 고민하지 말고, 아들이 사업을 이어받는 것이 가장 온당하다며 명쾌하게 결론지어야 합니다.

# 회사의 이익을 생각하되
# 도리를 지켜라

●

[ 問 ]

## "경영 2세와 간부들의 관계를 어떻게 구축해야 할까요?"

저희 회사는 창업 31년을 맞은 건설회사입니다. 저는 현 회장인 아버지로부터 사업을 물려받은 경영 2세인 동시에 제가 창업한 주택 자회사도 경영하고 있습니다.

저는 세이와주쿠에서 공부한 이래 학장님의 가르침을 충실히 실행해 왔습니다. 직원들과는 직접 얼굴을 맞대고 꾸준히 대화를 나누면서 학장님께 배운 내용과 제 경영 철학을 직원들에게 전했습니다. 그 덕분에 회사는 소통이 원활해졌고 사내 분위기 또한 무척 좋아졌습니다.

그런데 도저히 답을 얻을 수 없는 고민이 하나 있습니다. 흔히들 말하는 '경영 2세와 간부들의 관계' 문제입니다. 젊은 직원들은 차츰 마음을 열어주는 데 반해, 그들과 친밀해질수록 간부들이 제게 마음을 닫는 상황이 벌어지더군요.

학장님도 잘 아시다시피 현재 건설 업계는 공공과 민영 양측 모두 공사 발주를 줄이고 있습니다. 게다가 고객이 업체를 선정하는 기준이 점점 까다로워지고 있어 가만히 앉아 발주만 기다리다가는 회사가 도산할 수도 있는 상황입니다. 그래서 저는 아이디어를 내서 '제안형 영업'을 전개하자는 새로운 경영 방침을 세웠습니다. 자회사에서는 이미 이 방법을 실행에 옮겨서 성공을 거두었습니다.

반면에 모회사는 매출과 이익의 증감을 반복하면서 간신히 흑자를 유지하고 있는 상황인데도 아무 대책이 없습니다. 12년 전에 경영 초심자들이 모여 출발한 자회사는 전 분기에 세전 이익 10% 이상의 높은 실적을 올렸으며 이번 분기도 매출과 이익이 증가하는 추세인데도 말이지요.

간부들이 제게 마음을 닫은 가장 큰 요인은, 자회사에서 효과적이었던 제안형 영업을 고연령층 직원들이 직접 실행하기는 어렵다 보니 실적을 올리지 못하고 있다는 데 있습니다. 아무래도 고령화 때문에 어쩔 수 없는 능력의 한계에 부딪힌 것이겠지요. 하지만 젊은 직원들은 점점 성장을 거듭하고 있는데 몇몇 간부들은 이 업계에서 살아남는 데 필요한 최소한의 능력도 갖추지 못한 실정입니다.

그나마 몇 명은 제 경영 방침에 동참해 사고방식과 열의는 개선했지만, 마음만 앞설 뿐 여전히 행동으로 실천하지는 못하고 있습니다. 새로운 지식을 이해해 표현하지 못하거나 창의적인 아이디어를 내지 못하는 등 능력 면에 문제가 있어 제가 기대하는 수준의 제안형 영업은 불가능한 상황입니다.

물론 제 부족한 리더십이 가장 큰 원인이라는 점은 자각하고 있습니다. 그래도 각자의 전문 분야에서 풍부한 경험과 노하우를 가지고 있는 분들이기에 조금만 더 노력할 수 있도록 동기를 부여하려 했지만 이제는 한계에 다다른 것 같습니다.

저도 사장이 되기 전 모회사에서 부사장으로 일할 때 간부들과 갈등이 있어 자회사에만 열의를 기울이던 시기가 있었습니다. 하지만 3년 전 사장직을 물려받고 나서는 자회사 업무는 주말에만 하고 업무 시간의 90% 이상을 모회사에 할애하면서 차별을 두지 않고 솔선수범해 열심히 일해왔습니다.

회장인 아버지는 "오랫동안 나를 보좌해 온 그들을 소중히 대하거라. 비정하게 대우하면 안 된다"하고 이르셨지만 장래를 생각하면 이 간부들만으로는 어려운 환경에 대처해 나갈 수 없다고 판단됩니다.

그래서 저는 이번에 간부 몇 분을 사직하게 하고, 열의는 있지만 능력이 따라주지 못하는 분들은 현직에서 퇴진시킨 후 모회사의 고문으로 앉히려는 방침을 세웠습니다. 냉정해 보이겠지만 젊은 인재를 부장으로 발탁해서 일을 추진하게 하려면 어쩔 수 없는 방침입니다. 무거운 책임을 맡아준 젊은 인재들에게도 당연히 그에 상응하는 처우를 해주어야 하니까요. 회사의 재무 사정을 고려했을 때 기존 간부들에게 계속 고연봉을 지급하는 것은 무리입니다.

그래서 여쭤보고 싶은 내용을 정리하자면 퇴사하게 할 간부를 어떻게 선별하고 대응해야 할지, 그리고 강등한 뒤에 처우가 낮아지는 점을 어떻게 이해시켜야 좋을지 이 두 가지입니다.

특히 두 번째 고민은 제가 장래에 사업을 물려줄 때도 똑같이 반복될 수 있는 문제이므로, 유능한 중견 사원을 우대하는 실력주의 인사 시스템을 도입했을 때 어떻게 해야 조직에 활력을 불어넣을 수 있을지에 대해 상세한 설명을 듣고 싶습니다. 학장님의 가르침을 받으면 문제들이 해결되는 길이 열릴 것 같습니다.


[ 答 ]

**"무엇을 하든 도리를 다해야 합니다."**

---

무척 어려운 문제입니다. 젊어서 후계자가 된 귀하가 성심성의껏 노력한 결과 경영 선배인 간부들을 설득해 경

영 방침을 어떻게든 이해시키는 데까지 이르렀지만, 그럼에도 문제를 겪고 있군요. 나이가 있다 보니 유연한 발상이 어려워 귀하가 기대하는 수준의 성과를 내지 못하는 데다, 변혁 추진에 간부들이 방해가 되고 있는 상황입니다.

오랫동안 아버님을 보좌해 함께 일하면서 오늘날의 회사를 만들어온 분들인 만큼 현직에서 물러나게 하려니 마음이 아프지만, 그렇다고 해서 이대로 조직을 끌고 가다가는 업계의 냉혹한 상황을 극복할 수가 없다는 점에서 귀하는 고민하고 있습니다.

귀하를 어릴 때부터 보아온 간부들은 어린아이라고만 여겼던 사람이 대학을 졸업하고 갑자기 사장이랍시고 나서니, 좀처럼 지시를 따르기 어려울 것입니다. 귀하는 그런 불만을 품고 있는 간부라면 이제 물러나 후배들에게 길을 내주기를 바라지만, 한편으로는 그들이 지금까지 쌓아온 공로를 완전히 무시할 수도 없기에 망설이고 있는 것이고요. 이는 아마도 후계 경영자들의 공통된 고민일 것입니다.

나는 예전부터 경영 2세, 3세들을 특히 엄격하게 지도

해 왔습니다. 선대의 뒤를 이을 때는 연장자인 임원들에게 깍듯이 예의를 갖추고, '아들이므로 회사를 물려받는 것은 당연하다'는 태도를 보여서는 절대 안 된다고 강조했지요.

게다가 고생을 겪지 않고 사장이 된 만큼 직원들에게 신뢰를 얻으려면 '솔선수범해서 누구에게도 지지 않을 노력을 해라', '작은 것이어도 좋으니 실적을 쌓아라', '실력이 붙어도 겸손하라'고 가르쳤습니다. 동시에 존경받는 경영자가 되려면 실제 업무 능력뿐만이 아니라 인품을 갈고닦는 노력을 게을리하면 안 되니 세이와주쿠에서 인격을 기르는 공부를 꾸준히 해 직원들의 마음을 사로잡으라고 지도해 왔지요. 귀하는 세이와주쿠의 가르침을 충실히 실천하신 것으로 보입니다. 그 결과 직원들이 귀하를 따르기 시작했다는 것이 실감되는 만큼, 임원들의 인사 문제는 더욱 고민이 될 것입니다.

그런데 지금까지 이렇게 애썼는데도 안 되다니, 나 같으면 임원들에게 경영 철학이라든가 정신 훈화는 이제 접어두고 '위기감을 일깨우는' 방법으로 자극을 주겠습니다. 오로지 이익에 대한 감각만 곤두세우도록 압박하는 것입니다.

"지금 우리가 내고 있는 매출액 대비 1~2%의 이익률은 이익이라고 할 수도 없습니다. 이런 식으로 계속하다가는 회사의 존속조차도 장담할 수 없습니다. 아버지가 경영하던 시대에는 국가 경제가 지속적으로 성장했기 때문에 모든 기업이 클 수 있었습니다. 하지만 이제 고성장 시대는 끝났습니다. 저성장 경제 시대로 들어선 오늘날, 우리 같은 저수익 구조로는 얼마 버티지 못할 것입니다. 자회사를 보십시오. 경영 초보자들이 모인 집단이지만 10%의 이익률을 올리는 데까지 성공했습니다. 경험이 풍부한 여러분이 힘을 모아서 창의적으로 대책을 모색한다면 이익쯤이야 얼마든지 올릴 수 있을 것입니다."

이렇게 종용했는데도 여전히 마음을 열지 않는 사람이나 반발하는 사람이 있다면 그에게는 "당신은 더 이상 회사에 필요 없으니 그만두어 주십시오"라고 말해도 괜찮습니다. 아버님이 반대하더라도, 그 임원의 빈자리를 메울 자신만 있다면 조직을 확실히 성장시키기 위해서 그렇게 말해야 합니다. 그것은 귀하가 비정한 게 아니라 그 사람의 마음이 비정한 것이니 어쩔 수 없는 일입니다.

한편으로 사장의 말이 맞지만 자신에게는 그런 능력이 없다고 생각하는 간부도 있을 것입니다. 이는 자신의 능력에 한계가 있다는 것을 알고 있다는 뜻입니다. 그렇다면 조금 시간을 두고 기다려주었다가, 역시 귀하가 요구하는 대로 할 수 없다고 판단될 때 "죄송하지만 후진들에게 자리를 양보해 주셨으면 합니다. 제가 말씀드린 대로 하기는 힘드실 테니 길을 내주시는 대신 회사의 고문 역할을 해주십시오"라고 제안하는 것이 좋습니다.

고문으로 물러나 앉으면 더 이상 실제 업무는 하지 않는 것이니, 지금까지 임원으로서 받던 급여를 70%나 80%로 삭감하고 마지막으로 선고하십시오.

"급여는 약간 줄어들겠지만 앞으로도 정중하게 대우해드릴 테니 후진들을 잘 지도해 주십시오."

이는 매우 어려운 일이며 창업자라면 겪지 않아도 될 고생입니다. 하지만 용기를 갖고 해야 하는 일이지요.

이때 잊지 말아야 할 점은 '인간적인 도리를 다해서' 시행해야 한다는 것입니다. 아버님의 말씀대로 인정에 이끌려 판단한다면 회사의 존립 자체를 위험에 빠뜨릴 수도 있으므로, 경영 방침에 따르지 않는 임원에게는 상황을 설명하고 이해시키되 충분히 도리를 다해야 합니다.
이것이 바로 후계자가 해야 할 역할입니다.

마지막으로 연공서열에 근거한 임금 체계를 혁신하고
실력주의에 근거한 인사 시스템을 구축하는 법에 대해서
도 말씀드리겠습니다. 나는 중소기업에서도 연공서열에
따라 임금을 올리지 않는 시대가 왔다고 생각합니다. 일
반적으로 사람은 40~50대가 되면 업무 능력이 떨어져 역
할이 감소하기 마련인데, 연공서열 체계에서는 반대로 그
시기에 오히려 임금이 상승합니다. 연장자인 간부 사원과
평사원의 비율이 균등한 회사라면 문제가 없겠지요. 그러
나 귀사와 같이 회사 연혁이 짧아 그만두는 사람이 적은
회사에서는 경제가 지속적으로 성장하지 않는 한 연공서
열에 따른 임금 제도를 유지하기 어렵습니다.

따라서 40~50대가 되면 임금 상승을 둔화시키고, 50대
가 되면 평평하게 유지하거나 약간 낮추는 임금 체계가
필요합니다. 이와 관련해서는 금융기관의 임금 체계가 가
장 철저하니 참고해 보는 것도 좋겠습니다. 금융기관에서
는 젊을 때 급여가 높지만 40대 정도부터 임금 상승곡선
이 주춤합니다. 50대가 되면 관리직에서 제외되고 기본

급을 제외한 수당이 삭감되어 급여가 대폭 줄어들지요. 급여도 줄어들고 직위도 없어지므로 계열사나 관계회사에서 영입을 제안하면 지점장급이라도 오히려 떠나려는 마음이 생길 것입니다.

이 문제는 비단 귀사만 고심하고 있는 문제가 아닙니다. 이제는 시대적으로 앞에서 설명한 임금 체계가 일반적인 체계가 될 가능성이 높습니다. 그러므로 이 기회에 귀하도 한번 생각해 볼 가치가 있습니다.

# 고갯길을 넘어
# 발돋움하라

●

## "분사화의 의의는 무엇인가요?"

---

저희 회사는 안경테를 제조해 판매하고 있습니다. 아버지가 창업한 회사를 제가 물려받아 경영하고 있으며 현재 그룹 전체에서 145억 엔 정도의 연 매출을 올리고 있습니다.

저는 사장에 취임한 후 20년 동안 아버지가 쌓은 신용을 토대로 수출과 내수 부문에서 모두 호조를 이루며 사업을 확대해 왔습니다. 그런데 사업 다각화 전략의 일환으로 조직의 분사화를 실시해서 영역을 확장한 결과, 귀중한 인재를 사외로 내보내다 보니 오히려 본사의 경영 기반이 약화되었다는 사실을 깨닫게 되었습니다. 그래서 앞으로 어떻게 해나가야 할지 고심하다가 이렇게 상담을 청하게 되었습니다.

아시다시피 저희가 제조하고 있는 안경은 소재와 디자인 그리고 기능이 생명입니다. 하지만 중소기업에서는 유능한 전문가를 채용할 수 없기에, 저는 각 조직에서 유능한 사람이 각각 특화된 자신만의 분야에서 마음껏 일을 해나갈 수 있도록 소재 조달 부문이나 디자인 부문 등으로 조직을 분사해 독립시켰습니다. 또한 브랜드 전략을 펼쳐 여러 개의 자회사를 만들었으며 본사 내에서는 사장이 가진 권한을 위임해 조직의 활성화를 도모했습니다.

그런데 최근에 분사시킨 회사들 가운데 제 의도대로 따라주지 않는 곳들이 생기면서 균형이 흐트러지기 시작했습니다. 저는 각 계열사의 사장이 자유롭게 오가며 아이디어를 내고, 권한을 위임받은 직원들이 창의적인 발상을 펼치며 회사를 활성화하는 모습을 꿈꾸었습니다. 그러나 각 회사의 기대했던 사장과 직원들은 자신들의 조직 안에서만 소통하고 안정을 꾀할 뿐 제가 기대했던 만큼 적극적으로 움직여주지 않습니다. 지금에 와서 조치를 취하려고 해도 각 분야의 귀중한 인재를 내보낸 만큼 전반적인 대책을 세울 수가 없는 상황입니다.

저는 혼자만의 능력으로 한계가 있는 만큼, 분사 시스템과 권한 위임이라는 방법으로 회사의 역량을 강화하려고 했습니다. 분야별로 능력이 있는 인재에게 권한을 주어서 마음껏 일하게 해주려는 의도였지요. 그런데 그 결정이 오히려 전체 그룹의 기능을 약화시키는 결과를 가져와버렸습니다. 깊이 반성하고 있습니다. 꼭 좋은 말씀 부탁드립니다.

[ 答 ]

**"회사가 더 강해지려면 다각화라는 고갯길을
어떻게든 넘어가야 합니다."**

귀하는 겸허하게 말씀하셨지만, 분명 굉장히 고생하며 시행착오를 반복한 끝에 분사 방식의 다각화를 도모하신 것이라 생각합니다. 귀하는 다각화 전략이 본사의 역량을 약화시켰다고 걱정했지만, 다각화를 통해 지금의 사업 규모로 성장시킨 이상 각 사업체가 적자로 경영되는 상황이 아니라면 큰 문제는 없다고 생각합니다.

귀하는 분사화한 자회사가 기대만큼 활성화되지 않아 고민이라고 하셨는데, 나는 다각화가 아니라 '분사화'라는 방법에 문제가 있었다고 생각합니다. 같은 기업 내에서 사업부 형태로 다각화를 도모한다면 문제가 없지만, 왜인지 중소기업 경영자들은 다각화를 꾀할 때 분사라는 방법을 채택하더군요. 자회사를 많이 만들어도 합산한 총매출액이 10억 엔에 불과하다면 인재가 분산될뿐더러 역량이 약화되는 것은 당연합니다.

특히 귀하가 말했듯이 인재가 부족한데도 본사의 인적자원을 잇달아 밖으로 내보낸다면 당연히 본사의 역량이 약해질 수밖에 없겠지요. 기능이 다르다는 이유로 분사를 하겠다는 발상은 바람직하지 않습니다. 그러므로 귀하의 경우, 가능하면 회사 내에서 사업부 체제로 다각화를 꾀하는 것이 좋습니다. 사업부 체제를 실시하되 직원들이 활기차게 일할 수 있는 사풍을 만들어야 합니다.

예전에 어떤 경영자가 귀하처럼 잇달아 분사화를 하고 공적을 따진 후 그에 따라 사장을 맡겼습니다. 나는 사장에 앉히고, 전무에 앉히는 식으로밖에 직원들에게 동기를 부여할 수 없다면 그것은 경영과 인사관리가 제대로 이뤄지지 않는 거라고 생각했습니다. 그렇기에 다섯 개의 자회사를 본사와 합치고 사업부 체제로 운영하라고 조언했습니다.

결국 그분은 분사했던 자회사들을 본사로 합병하여 마침내 상장 회사로 성장시켰습니다. 이는 다각화라는 명목으로 분사했다가 본사의 역량을 약화시킨 대표적인 사례입니다. 사업본부장이라는 직함으로도 충분히 만족하며 일할 수 있는 사풍을 조성하지 못한다면 다각화는 절대로 성공할 수 없습니다.

그런데 다각화를 실시한 후 3년이 지나도 적자라면 그것은 문제입니다. 이때는 다각화 자체를 신속하게 재검토해야 합니다. 계속해서 적자를 내는 다각화는 매우 위험합니다. 그러므로 중소기업의 경우 신규 사업은 3년을 기준으로 잡고, 3년이 지났는데도 적자 상태라면 가망이 없다고 판단해 과감히 단념하는 것이 좋습니다.

나는 일단 시작한 사업을 쉽사리 포기하지는 않습니다. 지금까지 착수한 사업도 전부 끈질기게 매달려 성공시켰습니다. 하지만 신기하게도 잘되는 사업은 처음부터 순조롭게 진척되는 반면 처음부터 어려웠던 사업은 시간이 지나도 말도 못 하게 고생하더군요.

심지어 고생에 고생을 거듭해 가까스로 흑자로 돌려놓아도 더 이상 매출이 늘지 않는 경우가 다반사였습니다. 그런 의미에서 역량이 부족한 중소기업은 다각화 후 3년을 사업의 존속 여부를 결정하는 기준으로 삼아야 합니다. 그렇게 빠르게 결단을 지으려면 사업 철수를 결정하기 어려운 분사화는 좋은 다각화 방법이라고 할 수 없습니다.

전부터 말씀드렸듯이 다각화는 큰 위험을 내포하고 있습니다. 그렇지만 중소 영세기업을 중견기업으로 성장시키려면 다각화라는 고갯길을 어떻게든 넘어가야 합니다. 이 과정을 극복하고 사업을 발전시키는 사람이야말로 참다운 기업가라고 할 수 있습니다.

사실 경영자에게 고갯길을 넘어가기란 매우 어려운 일입니다. 하나의 사업을 끌고 가는 것도 보통 일이 아닌데 두 가지, 세 가지 사업을 동시에 하게 되면 그 어려움은 기하급수적으로 증폭되지요. 이처럼 혼자서 전부 경영하는 것이 어렵기에 결국 분사라는 결론에 쉽게 이르게 되는 것입니다. 그러나 자회사에 임명된 사람이 사장이라는 지위에 안주하면 회사 전체를 키우고자 하는 귀하의 의지는 실현할 수 없습니다. 그러므로 다각화에 성공하려면 그 기하급수적으로 어려운 일을 귀하 혼자 해내야 합니다.

　　다각화로 일단 발을 들여놓으면 여유도 없거니와 누구에게도 지지 않을 만큼 노력을 해야만 합니다. 또한 노력 외에도 엄청난 집중력이 요구됩니다. 경쟁 상대는 한 가지 사업에 100%를 쏟아붓고 있는데 자신은 모든 신경을 두세 군데로 분산한다면 질 것이 뻔합니다. 온 힘과 정신을 이등분, 삼등분해서 일해도 그 30%가 상대의 100%보다 뛰어날 정도여야 승부에서 이길 수 있습니다.

　　지금까지의 세 배, 아니 네 배로 일해야 합니다. 다각화는 한마디로 이런 것입니다. 하지만 이 다각화라는 고갯

길을 올라가고 나면 비로소 영세한 중소기업도 중견기업
으로 발돋움할 수 있을 것입니다.

5장

힘차게 가지를 뻗어나가라

새로운 일을 해낼 수 있는 사람은 자신의 가
능성을 굳게 믿는 사람이다. 단, 여기서 말
하는 가능성이란 현재가 아니라 '미래의 능
력'을 일컫는다. 단지 지금 가진 능력만으로
가부를 판단한다면 새로운 일에 도전하거나
역경을 뛰어넘는 일을 어떻게 해낸단 말인
가. 자신의 가능성을 믿고 현재의 능력보다
높은 수준의 목표를 스스로에게 부여해 미
래의 한 순간에 그 목표를 달성할 수 있도록
전력을 기울여라. 이때 필요한 것은, 간절히
바라고 원하는 마음이 사그라들지 않게 그
불씨를 계속 지피는 일이다. 그것이 성공과
성취로 이어지면서 자신의 능력 또한 크게
키울 수 있다.

# 중소기업에서
# 중견기업으로

●

[ 問 ]

"외부 환경의 부정적인 변화에
어떻게 대처해야 할까요?"

저는 중소 도시에서 피트니스 센터를 운영하고 있습니다.
수영 애호가였던 저는 개인 수영장을 소유하고 싶다는
꿈을 갖고 있었습니다. 마침내 1978년도에 그 꿈을 이루
어 회사를 창업해 수영 교실을 열었습니다. 맨손으로 시
작한지라 무척 고생했지만 운 좋게도 6년 만에 직영 센터

를 세 군데나 운영할 정도로 성장했습니다.

그러다 5년 전 공동경영자였던 전 사장이 갑자기 세상을 떠나며 제가 2대 사장에 취임하게 되었는데, 그 무렵부터 경영 환경이 바뀌어 재정에 어려움을 겪고 있습니다. 그래서 외부 환경의 부정적인 변화에 어떻게 대처해 나가야 할지 조언을 듣고 싶습니다.

제가 말하는 외부 환경의 변화란 대형 경쟁 업체의 출점, 두드러지는 저출산, 장기적인 경제 불황, 이 세 가지입니다. 당사는 지금까지 독자적인 수익 관리 방식이 효과가 있어 제법 괜찮은 수익을 유지해 왔지만 같은 지역 내에 다른 동종업체가 진출해 이용 회원을 쟁탈해 가고, 앞다퉈 가격을 인하하는 등 경쟁이 심화된 탓에 현재는 이익이 손익분기점을 겨우 넘어서는 수준으로까지 떨어졌습니다.

저는 이 위기 상황을 돌파하려면 피트니스 사업의 본질인 지도와 서비스를 향상시키는 것이 최우선이라고 생각해, 첫째로는 직원의 능력 향상에 힘쓰고 둘째로는 충실한 지도 프로그램을 만들고자 합니다. 그리고 일부 시설을 리뉴얼하는 등의 노력도 하고 있지만 기대한 만큼 성과가 나오지 않습니다. 업계에서는 피트니스 센터 사업의 성공 요인은 '입지보다도 시설'이라고 말할 정도여서, 시설이 노후된 업체가 최신 시설을 갖춘 거대 자본을 따라잡기는 매우 어려운 상황입니다.

올해 봄에 입회비 할인 행사를 실시했더니 예상보다 훨씬 많은 고객이 몰려들었습니다. 당장은 성과가 있었지만 이는 안일한 임시방편일 뿐, 근본적인 해결책이 되지 못합니다. 회사를 유지하고 발전시키려면 이러한 외부 환경의 부정적인 요인에 어떻게 대처해야 할지 가르쳐주시길 부탁드립니다.

[ 쏨 ]

## "견실한 수익 관리를 토대로
## 과감하게 신규 사업에 진출하십시오."

우선 귀하가 독자적인 수익 관리 방식을 채택해서 훌륭하게 수익 관리를 해왔다는 점이 매우 인상적입니다. 귀하의 수익 관리 방식은 교세라가 아직 소규모였던 시절에 내가 고심해서 창안한 '아메바 경영' 방식과 아주 비슷합니다. 아메바 경영이란 조직을 소집단 부문별로 나눠 '독립채산제'로 관리하는 경영 방법입니다.

　귀하가 경영 관리를 훌륭하게 해왔다는 것은 실적 추이를 보면 한눈에 알 수 있습니다. 5년 전에 연 매출 6억 엔 가운데서 10%인 6000만 엔의 이익을 냈습니다. 다음 해에는 연 매출액이 6억 3000만 엔으로 증가했는데도 경비가 늘지 않아 그 매출액은 고스란히 이익으로 추가되었습니다. 즉, 피트니스 센터 세 군데에서 발생하는 경비를 항목별로 정확하게 파악하고 있다는 사실을 알 수 있습니다. 그 후 매출이 감소했을 때도 경비는 최소한의 수준으로 통제하고 있었기에 매출 감소액이 그대로 수익 감소액으로 이어진 것이지요.

　결론부터 말하면, 지금 귀하가 관리하고 있는 방식을 계속 활용하면 좋을 것입니다. 귀하는 지금 매우 건실하게 수익 관리를 하고 있으므로 서비스의 질을 떨어뜨리지 않고 경비를 삭감하는 방법은 없는지를 궁리해야 합니다. 그 방법을 찾아내면 매출이 약간 떨어지더라도 이익이 확보되는 경영을 유지할 수 있습니다.

경쟁 업체가 없던 시절이라면 모르지만 지금은 쓸모없는 토지를 이용해 대기업까지도 너 나 할 것 없이 뛰어들어 경쟁이 심해지고 있는 상황입니다. 지역의 인구 밀도 측면을 봤을 때, 단순히 시설에 투자하여 상대와 경합하는 방법으로는 큰 매출 신장을 기대할 수 없습니다. 선발주자로서 시설은 좀 노후되었더라도 지출 비용을 억제해 나갈 수밖에 없다고 생각합니다.

그런데 귀하에게 하고 싶은 말이 있습니다. 조금 지나친 표현일지 모르겠습니다만, 귀하는 취미인 수영을 사업으로 키워왔는데 '귀하는 수영과 운명을 같이하고 싶은 것인지, 아니면 사업가가 되고 싶은 것인지'부터 묻고 싶습니다. 나는 귀하가 후자일 것이라고 생각하는데요. 귀하는 맨손으로 시작한 작은 수영교실을 연간 매출 6억 엔에 경상 이익 10%를 내는 기업으로 성장시켰습니다. 이는 귀하에게 경영자로서의 재능이 있다는 뜻입니다. 하지만 이 사업은 그 지역에서만 하기에는 한계가 있습니다. 아마 이웃 지역으로 가더라도 상황은 똑같을 것입니다. 극단적으로 말하면 피트니스 센터란 이 정도의 상권밖에 안 되는 사업인 것이지요.

그렇다면 첫 사업으로는 아주 잘했다고 깔끔히 결론짓고, 지금까지 쌓은 기업 경영 노하우를 활용해 신규 사업에 도전하는 것은 어떨지 권하고 싶습니다. 좋은 사업 아이템이란 쉽게 찾아낼 수 있는 것은 아니니, 착실히 공부해서 열정을 불태울 만한 사업을 찾아냈으면 합니다. 다만 지금 하고 있는 사업에서는 믿을 만한 후계자를 만들어야 합니다. 귀하의 후계자를 내세워서 지키기에 들어가는 것입니다. 적이 나타났다고 당황하여 섣불리 설비 투자를 감행해서는 안 됩니다.

이 기회에 중소기업이 중견기업으로 발돋움할 방법은 다각화밖에 없다는 사실을 자각하기 바랍니다. 나 역시 교세라에서 그렇게 했습니다. 처음에는 절연용 세라믹 부품을 제조해 판매하기 시작했지만 그것만으로는 주문이 끊기면 사업도 끝이라고 생각해, 그때까지 배우고 연구한 내용을 응용하며 끊임없이 새로운 사업을 시도했습니다. 그러한 노력이 오늘날 폭넓은 분야의 제품을 취급하는 교세라 그룹을 탄생시킨 것이지요. 만약 첫 제품이나 사업만 특화하려 노력했다면 영세기업인 채로 끝났을지도 모릅니다.

마지막으로 입회비를 낮췄더니 너무 많은 회원이 모여들어 곤혹스러웠다는 이야기에 관해 말해보겠습니다. 아마도 귀하는 질 좋은 프로그램으로 승부를 하려 했는데, 정작 저렴한 가격으로 고객을 끌게 되니 자신의 경영 방침에 어긋난다고 생각해 혼란을 겪고 있는 것 같습니다. 하지만 그건 잘못된 생각입니다. 이 사업은 본래 입회비로 승패를 가릴 일이 아닙니다. 입회비를 낮춰 회원이 늘어난다면 좋은 일입니다. 또한 귀하의 시설과 서비스가 그 가격에서 경쟁력이 있다고 평가받은 것이니 오히려 기뻐해야 합니다. 귀하의 사업은 회원들이 와서 시설을 이용해야 의미가 있는 것입니다. 입회비 할인은 서비스의 질이 그다지 떨어지지 않는 한 아주 좋은 방법이니 낙담할 필요가 없습니다. 그 방법을 꼭 다시 한번 검토해 보면 좋겠군요.

위험은 따르겠지만 용기를 내어 사업가로서 도전해 보십시오. 귀하에게는 그렇게 할 수 있을 만큼 경영에 재능이 있습니다.

# 이익을 내려면
# 직접 매입하라

●

## "신규 시장 진출을 위해서는
## 어떤 조건을 갖추어야 합니까?"

저희는 지방 도시에서 자동차 보수용 유리 판매 및 부착을 주력 사업으로 하는 회사로, 최근에는 레저용 차량에 카 필름을 부착하는 일도 하고 있습니다. 회사를 창업한 지 16년이 된 현재, 4개 점포에서 연간 5억 엔의 매출을 올리고 있습니다.

이 업계는 과점 체제인 유리 업계로부터 보호받는 규제 업종이어서 지금까지는 별다른 어려움 없이 회사를 운영해 왔습니다. 저는 경리 업무에 문외한이기 때문에 회사의 재무는 아내에게 일임했는데, 그 덕분에 4개 점포 중 신규 출점한 한 지점을 빼고는 모두 매출 대비 세전 이익률을 10% 이상 확보하고 있습니다. 제조사와 세무사들에게 "이 회사만큼 빠르게 성장한 회사는 없다"라는 말을 듣고 약간 우쭐한 기분이 들기도 했습니다. 물론 금세 우쭐해진 점에 대해서는 빠르게 반성했습니다.

제 목표는 무슨 일이 있어도 5년 안에 연 매출 10억 엔을 달성하는 것입니다. 그러나 이 지역의 시장 규모로는 한계가 있어서 목표를 이루려면 다른 지역으로 진출해야 합니다. 그런데 가격 파괴와 경쟁 심화라는 환경 변화 요인을 생각하면 자꾸만 망설여집니다. 이러한 변화에 어떻게 대처하며 다른 지역으로의 진출을 도모해야 할지 여쭙고 싶습니다.

환경 변화에 관해서 조금 더 설명해 드리자면, 지금까지 이 업계는 줄곧 순조롭게 수요가 증가해서 마치 순풍에 돛을 단 배처럼 성장해 왔습니다. 그러나 최근에 여러 변화가 불어닥쳤습니다. 그중 첫 번째 요인은 저가격화입니다. 기존에 신상품을 구입하던 고객들이 중고 제품을 찾게 된 것입니다. 그와 동시에 해체공사 업체를 통해 중고 유리가 시장에 유입되었습니다. 그러면서 이들 리사이클 업계가 저희 업계에 진입하여 변화가 가속된 측면도 있습니다.

두 번째 요인은 미국에서 보수액을 사용해 유리를 보수하는 리페어 기술이 도입된 것입니다. 이로 인해 차 앞유리를 교체하는 고객이 감소하고 말았습니다.

이 업계는 유대가 매우 강합니다. 그러다 보니 다른 지역으로 진출하게 되면 거대 자본이 투여된 그 지역 점포와 영역 다툼을 해야 합니다. 그렇게 되면 과당경쟁 때문에 채산성이 악화될지도 모른다는 염려가 있습니다. 이러한 상황에서 학장님께 저희 회사가 나아가야 할 길에 대해 조언을 듣고 싶습니다.

## [ 答 ]

## "매입은 반드시 주인이 해야 할 몫입니다."

귀하는 매출을 늘리기 위해 다른 지역으로 진출하고 싶지만 저가격화와 거대 자본이 들어간 업체와의 알력, 그리고 과당경쟁이 우려되어 쉽사리 결심이 서질 않는다는 말씀이군요.

우선 귀하는 저가격화 현상에 당혹감을 느끼는 것 같은데, 저가격화 현상이 일어나는 건 당연한 일입니다. 가격 파괴는 비단 귀하가 속해 있는 업계뿐만 아니라 모든 업계에서 일어나는 일이며 사업을 하는 사람이라면 누구나 대처해야만 하는 문제이지요. 그러나 귀하가 현재 매출이익률 10%를 유지하고 있다면 저가격화를 두려워할 필요가 없다고 생각합니다. 오히려 반대로 저가격화 물결에 편승해야지요. 그러려면 전국에 있는 모든 거래처를 직접 다니면서 가장 좋은 물건을 저렴하게 살 수 있는 곳을 샅샅이 찾아내야 합니다.

귀하의 경우라면 과감하게 해체 업체에 다녀보면 어떨까요? 해체 업체는 전국에 아주 많을 것입니다. 어떤 업체에 어떤 물건이 저렴한지, 어떤 종류의 중고품이 있는지 등을 수입 유리도 포함해서 철저히 조사한 뒤 경쟁 업체의 추종을 불허하는 매입 노하우를 축적하세요.

어떤 직업이든 '이익은 매입에 있다'는 진리가 통용됩니다. 이익을 얻고자 한다면 열쇠는 매입에 있습니다. 그래서 오사카의 중심 상업지구이자 '상인의 도시'로 유명한 센바에서도 매입은 '주인이 하는 일'이지요. 판매는 다른 책임자에게 맡기더라도 매입은 반드시 주인이 해야 합니다. 비싼 물건을 들여오면 아무리 노력해도 이익이 별로 생기지 않을 게 뻔합니다. 그러니 최대한 싼 가격에 사들여야 합니다.

이 방법은 귀하가 다른 지역으로 사업을 확대할 때도 효과가 있을 것입니다. 귀하는 거대 자본이 받치고 있는 경쟁 업체와의 경쟁을 두려워하고 있는데요. 물론 자본력이 든든한 지역 업체는 자본으로 밀어붙여 유리한 입지에 점포를 낼 수 있고 대량 주문으로 매입가를 대폭 낮출 수도 있으니 위협적인 건 분명합니다. 하지만 아무리 자본력이 막강하더라도, 일시적으로야 싸게 팔 수는 있겠지만 적자가 날 정도까지 무작정 가격을 낮추지는 못합니다. 가격으로 승부를 겨룬다는 것은 덤핑이 아닙니다. 오히려 이익이 충분히 난다는 의미입니다.

그러므로 귀하는 순정 부품을 내세워 사업을 할 게 아니라 중고 유리를 사용해서, 낮은 가공비로 작업하는 방법을 무기로 내세워 사업을 하면 됩니다. 그러려면 저렴하면서도 충분히 이익을 낼 수 있는 매입처를 스스로 찾아내십시오. 이것이 다른 지역으로 진출할 수 있는 첫 번째 도구가 될 것입니다.

다만 마음에 걸리는 것은 적자가 나는 점포가 한 군데 있고 귀하는 회계에 무지하다고 한 말입니다. 언제까지나 아내에게 맡겨두고 '난 경리를 잘 몰라' 하는 자세로 있어서는 안 됩니다. 아내든 세무사든, 경리 업무를 가르쳐달라고 해서 확실히 공부하세요.

다른 지역으로 진출한다는 말은 곧 다점포 운영을 의미하는데, 여러 곳을 동시에 경영하려면 점포마다 독립채산제가 이루어져야 합니다. 다시 말해 점포 하나하나 확실히 손익을 계산할 수 있는 시스템을 한시라도 빨리 갖춰야 합니다. 이런 관리 시스템을 구축하지 않으면 다른 지역 진출에 성공한다 해도 회사 전체를 고수익 체제로 유지해 나가기 어렵습니다. 이것이 바로 두 번째 도구입니다.

마지막 세 번째 도구는 인재 육성입니다. 다점포 운영을 하려면 능력이나 인격 면에서 믿고 경영을 맡길 수 있는 사람이 필요합니다. 언제까지나 귀하 혼자서 뛰어다닐 수는 없지요. 인재를 교육해서 업무를 맡길 사람을 양성해야 합니다. 그리고 인재 육성을 하려면 확실한 확인 시스템이 필요합니다. 아무리 신용할 수 있는 사람이라도 마음이 약해져 잘못을 저지르는 일이 없도록 인재 관리 시스템을 만들어야 합니다. 인간은 나약한 존재입니다. 주기적으로 확인하고 신용할 만한 인물인지 아닌지를 검증해야 비로소 믿고 맡길 수 있는 법입니다. 그래서 인재를 육성하는 동시에 관리도 해야 하는 것이지요.

다시 한번 정리하자면 첫 번째로 저가격화에 대응하기 위한 매입처를 찾을 것, 두 번째로 점포마다 독립채산제를 도입할 것, 그리고 세 번째로 인재를 육성하고 관리할 것, 이렇게 세 가지입니다. 이 세 가지 도구가 있으면 다른 지역으로의 진출을 두려워하지 않아도 됩니다.

끝으로 한마디 덧붙이겠습니다. 귀하는 세무사에게도

거래처에서도 훌륭한 회사를 만들어왔다고 칭찬받아 들떴지만 금세 겸허함을 되찾고 자신의 태도를 반성했다고 했습니다. 하지만 내가 보기에는 더욱 자신감을 가져도 좋습니다. 어디에나 있을 법한 자동차 유리 교체 및 보수 사업으로 10%의 이익을 확실히 내고 있다는 것은 단순히 시류를 잘 만나서라고만 볼 수는 없으니까요. 용기를 내어 사업 확장에 도전해 보십시오.

# 리더라면
# 직접 칼을 뽑아들어라

●

[ 問 ]

**"해외 진출을 위한 성공 비결은 무엇인가요?"**

저희는 곤약 식품을 제조하는 회사로, 21명의 사원을 두고 약 6억 엔의 연 매출을 올리고 있습니다. 저는 2세 경영자이며 현재 전무를 맡아 실질적인 경영을 하고 있습니다. 저희 회사처럼 경영 기반이 약한 영세 기업이 해외 진출을 시도할 경우 어떤 점에 유의해야 성공할 수 있는지 배우고 싶습니다.

곤약 업계는 조리식품을 중심으로 한 가정 요리의 수요가 감소하면서 시장 규모가 매년 5% 이상 축소되고 있는 실정입니다. 게다가 원재료 가격은 상승하는데도 가격 파괴 현상이 일어나는 바람에 대형 슈퍼마켓에 납품하는 도매가격이 단 몇 년 사이에 평균 약 30%나 하락했습니다. 업계 전체의 시장 규모도 줄어든 탓도 있지만, 과당경쟁 때문에 제품 가격을 자꾸 낮게 책정한 탓도 있습니다. 이로 인해 최근 몇 년 사이에 상당히 많은 업체가 도산했습니다.

이러한 상황에서 저희 회사는 과감히 중국 진출을 계획하고 있습니다. 그 첫째 목적은 무엇보다 좋은 상품을 만들기 위함입니다. 진출을 계획하고 있는 중국 윈난성에서는 일본에서 구할 수 없는 질 좋은 재료를 사 올 수 있기 때문입니다. 둘째 목적은 원재료비와 경비 절감입니다. 다만 지금은 관세 문제가 있어서 그 효과는 원가의 30%를 삭감하는 정도에 그칩니다. 셋째 목적은 재료를 안정적으로 확보하기 위함입니다. 현지에서라면 재배에서 수확까지 일괄 관리가 가능해 저렴한 가격에 재료를 확보할 수 있습니다. 그리고 넷째 목적은 중국 시장으로의 진출입니다. 원래 중국에서는 곤약의 재료인 구약나물이 기력 증진을 위한 보양식부터 한약까지 폭넓게 사용됩니다. 일본보다 용도가 무척 다양하지요. 그래서 저는 상하이와 홍콩을 타깃으로 사업을 펼치려 합니다. 앞으로 약 3년 후에는 저희 제품의 3분의 2를 중국 시장에서 판매하고 싶습니다.

구체적으로는 일본 기업 4개사가 합작해서 약 1억 5000만 엔을 투자할 계획이며, 저희 회사는 그 가운데 약 4000만 엔을 부담할 예정입니다. 인적으로는 당사에서 사장과 기술부장을 중국으로 파견하고, 현지 인력을 약 100명 채용할 생각입니다. 지금 현지에는 경쟁 상대도 없고, 출자 기업의 소개로 판로도 확보되어 있는 데다가 마침 품질 좋은 구약나물이 순조롭게 재배되고 있는 상황입니다. 그만큼 투자액 회수는 긍정적일 것이라고 예상됩니다.

하지만 이번 투자액은 중소기업인 저희에게는 상당히 큰 금액입니다. 만약 실패하면 무일푼이 될 각오까지 해야 합니다. 또한 저는 현지에서 사장으로 취임해 달라는 요청을 받았는데, 이 요청을 받아들일 경우 몇 년 동안은 주로 중국에서 일해야 해서 자사 경영에 소홀해질 수 있다는 점이 걱정스럽습니다.

이와 같은 상황에서 학장님께 세 가지 질문을 드리고자 합니다. 첫째는 중소기업이 해외 진출에 나설 경우, 판단의 핵심 기준을 어디에 둬야 하는지에 대한 것입니다. 둘째는 해외로 내보낼 인재를 어떻게 선발해야 할지 모르겠습니다. 특히 저희 회사처럼 인적 자원이 매우 취약한 중소기업은 해외 지사로 파견할 인재를 어떻게 선정해야 하는지, 그리고 책임자로서 적합한 자질은 무엇인지 알고 싶습니다. 또한 제가 중국으로 부임할 경우 명심해야 할 사항도 여쭙고 싶습니다. 셋째로 현지에서의 교육을 비롯해 인적 관리를 어떻게 해야 할지에 관해서도 조언을 부탁드립니다.

마지막으로 저의 꿈을 말씀드리고자 합니다. 학장님은 옛날의 곤약에서 나던 깊은 풍미를 기억하시는지요. 오래전 일본에서는 겨울이 오면 구약나물을 저장했다가, 봄이 오면 밭으로 돌려보내는 작업을 3년이나 반복해 숙성시킨 후 그 재료를 손으로 빚어 곤약을 만들었습니다. 하지만 최근에는 가격을 낮추는 데만 혈안이 되어 맛과 품질에는 신경 쓰지 않는 조악한 제품이 시장에 버젓이 나와 유통되고 있습니다. 저는 이러한 행태야말로 소비자가 점점 곤약을 찾지 않게 되는 원인이라고 생각합니다.

현재 일본에는 구약나물이 다섯 종류 정도밖에 없지만 중국 윈난성에서는 다양한 품종의 구약나물이 재배되고 있습니다. 저는 이 재료를 활용해서 예전과 같은 수제 방식으로 값싸고 맛있는 상품을 만드는 데 성공해, 곤약이 일본에서 다시 재조명되고 중국에서 사랑받을 수 있도록 만들고 싶다는 꿈을 꾸고 있습니다. 아무쪼록 해외 진출에 성공할 수 있는 비결을 전수해 주시길 바랍니다.


[ 答 ]
**"최고경영자가 진두지휘하되
본사의 일을 소홀히 해서는 안 됩니다."**

---

오래전 엔화 강세 현상이 빠르게 진행되던 시기, 많은 기업이 해외로 나갔습니다. 그런데 한국과 대만으로 진출했던 기업들이 모두 철수하는 상황이 벌어졌지요. 그런 걸

보면 귀하가 중국이라는 미지의 대륙 진출을 계획하며 채산이 맞는 투자라고 예측하면서도 망설이는 이유를 알 것 같습니다.

귀하는 맨 먼저 해외 진출을 결정할 수 있는 핵심 기준이 무엇인지 질문했습니다. 귀하도 알겠지만 교세라도 중국에 진출해 생산 거점을 확보하고 있습니다. 하지만 이는 나 역시 지금까지도 고민하고 있는 문제입니다.

해외 생산에 뛰어들 수 있는지를 판단하는 핵심 기준은, 물론 업종에 따라 다르겠지만 한마디로 '누구에게도 지지 않는 기술력이 있는가'입니다. 조금만 배워도 누구나 할 수 있는 쉬운 일이라면 해외 진출로 얻을 수 있는 것은 인건비 절감뿐이겠지요. 하지만 중국도 이미 인건비가 점점 상승하고 있어서, 목적이 그것뿐이라면 훗날 굉장히 어려운 상황에 놓이고 말 것입니다. 아무리 해외에 진출해 저렴한 노동력을 이용할 수 있다 해도 상당한 노하우가 있어서 남들이 쉽게 따라 하지 못하는 기술이나 제품이 있어야 시너지 효과를 낼 수 있습니다. 이것이 해외 생산에 진출할 때의 첫 번째 관문입니다.

두 번째 질문은 해외로 파견할 인재에 관한 문제였습

니다. 잘 알겠지만 이는 매우 중요합니다. '사업은 사람이 전부다'라는 말이 있듯이, 일본이든 해외든 우수한 인재가 있느냐 아니냐로 사업의 성패가 결정됩니다. 하지만 그런 중요한 역할을 할 사람은 어느 회사든 대개 한두 사람밖에 없지요. 그리고 사장과 이인자 같은 핵심 인력은 외국으로 보낼 수 없으니, 그다음 위치에 있는 삼인자가 희생양이 되곤 합니다. 그래서 이 인물이 스스로 "회사를 위해 기꺼이 가겠습니다"라고 말하느냐 아니냐가 해외 파견 인사에서 가장 중요한 요소입니다.

해외 진출에 실패한 사례들을 보면 윗사람이 가고 싶어 하지 않아서 젊은 직원을 보냈다가 잘못되는 경우가 많습니다. 더군다나 개발도상국의 오지거나 생활수준이 낮은 곳이라면 윗사람들은 더더욱 가려고 하지 않지요. 그러나 해외 진출의 성공 포인트는 '실력자의 파견 여부'에 달려 있다는 사실을 다시 한번 명심하세요. 제조·판매에 뛰어나면서 통솔력 있고 인품도 훌륭한 책임자를 내보내야 성공할 수 있습니다.

만약 삼인자가 해외에 부임하기로 결정했다면 또 하나 중요한 일은 어학과 현지 사정에 정통한 보좌관을 붙여

주는 것입니다. 일반적으로 현지 사정을 잘 알고 어학 실력이 탁월하면 일을 잘한다고 착각해 공장장 등 책임자로 등용하기 쉬운데, 이는 큰 실수입니다. 어학 실력 또는 현지에 대한 지식과 사람을 다스리는 능력은 아무런 상관관계가 없습니다. 이런 사람은 어디까지나 보좌관으로 두고, 책임자로는 어학 실력과 상관없이 능력 있고 인격 좋은 사람을 발탁해야 합니다.

정리하자면 누구에게도 지지 않는 기술력이 있는지, 인격을 갖춘 실력자를 해외로 파견할 수 있는지 그리고 그런 사람이 있다면 어학이 뛰어나고 현지 사정에 정통한 보조 인력을 채용할 수 있는지 확인해 봐야 합니다. 이는 해외 진출을 위한 판단 요건 가운데 제2의 관문이라고 할 수 있습니다.

여기까지가 일반론입니다. 그런데 사실 나는 그렇게 하지 않았습니다. 오히려 능력이 뛰어난 이인자와 삼인자에게 본사를 맡기고 내가 직접 현지로 나가는 전략을 택했지요. 지금 귀하가 현지의 사장 자리를 제안받아 고민하고 있다고 했는데, 그 상황과 비슷합니다. 조금 다른 점이 있다면 현지에서 함께 일할 인력을 선발할 때 당시 조직

내에서 한직으로 밀려나 있던 고참 간부들을 모아 데리고 갔다는 점입니다.

나는 이것을 '무능력자 전법'이라고 불렀습니다. 이 방법은 본사 일에 전혀 지장이 없고 성공 시 인재를 육성할 수 있다는 점에서 효과가 있지만 그다지 권할 만한 방법은 아닙니다. 고생이 이만저만이 아니기 때문입니다. 데리고 간 부하 직원들이 그다지 뛰어난 인재가 아니다 보니 나도 처음에는 무척 고전했습니다. 이 방법을 쓰려면 사장이 선두에 나서서 주눅 들어 있는 부하 직원들을 이끌고 무시무시한 기세로 적군의 성을 함락해야 합니다. 그러면 직원들은 그 혼란하고 위험한 전쟁터에서 전법을 배우면서 빠르게 성장합니다. 그렇게 성을 공격해 함락하고 나면 사람이 달라지지요. 더없이 훌륭한 경영자가 되어, 불황에도 꿈쩍하지 않는 강한 회사를 만들고 이끌어 갈 수 있는 사람이 되는 것입니다.

무척 고생하기는 했지만 나는 해외 진출 전략으로 전부 이 방법을 택했습니다. 지금은 해외 거점의 책임자가 되어 있는 그 부하 직원들 앞에서 내가 무심코 당시의 이야기를 꺼내면 그들은 볼멘소리로 항의하곤 합니다.

"10년이 더 지났는데도 무능력자라고 부르십니까? 처음에는 격려하시는 거라고 생각해 잠자코 있었지만 지사장이 된 지금도 여전히 무능력자라고 부르시는 건 너무해요."

귀하도 회사를 둘러싼 경영 환경이 굉장히 어려워 보입니다. 그래서 귀하가 직접 해외로 갔다가 본사 업무를 소홀히 하게 되면 직원들에게 "사장님이 온통 해외 쪽에만 힘을 쏟으니 본사가 이렇게 엉망이잖아!" 하는 불평을 들을지도 모르지요. 앞으로 어떤 일이 일어날지 모릅니다. 그러니 만일의 경우 언제든지 철수해서 돌아올 수 있도록 본사의 수익을 유지하고 발전시킬 수 있는 이인자, 삼인자에게 단단히 회사를 지키게 한 뒤 해외로 나가야 합니다.

마지막으로 인적 관리에 관한 질문입니다. 이 역시도 어려운 문제이며 정해진 기준은 없습니다만 현지 출신의 유능한 관리자만큼은 꼭 확보해야 합니다. 인사 관리, 즉 인재 교육만은 현지인이 아니면 할 수 없으므로 인격자를 채용해야 합니다. 교세라도 중국의 생산 거점에서 수많은 직원이 일하고 있기 때문에 효율적인 인사 관리를 할 수 있는 유능한 현지인을 채용했습니다. 현지에서 좋은 인재를 얻는 것도 해외 진출을 성공시키는 데 굉장히 중요한 열쇠입니다. 무능한 인력으로는 원하는 성과를 낼 수 없기에 한마디 더 덧붙여 보았습니다.

# 절대
# 징검다리를 놓지 마라

●

[ 問 ]

## "신규 사업 진출과 철수를
## 판단하는 기준은 무엇인가요?"

저희 회사는 주로 여성용 패션 의류를 제조 판매하는 중견기업입니다. 저는 20년 전에 입사해 10년 전부터 3대 사장으로서 경영을 맡아왔습니다. 저희는 다양한 형태로 신규 사업을 시작했지만 모든 사업이 다 잘되는 건 아닙니다. 그래서 실패한 사업에서 철수를 결정하려면 무엇을 기준으로 판단해야 할지 그리고 애초에 신규 사업을 어떻게 펼쳐나가야 하는지에 관해 조언을 듣고 싶습니다.

저희가 착수한 신규 사업은 주로 새로운 의류 브랜드를 취급하는 자회사이지만, 몇몇 자회사는 본업인 의류 외의 사업도 펼치고 있습니다. 그런데 어려운 경제 상황에 부딪히자 사업체의 기반이 탄탄하지 못한 자회사는 앞으로 나아가기도 어렵고, 철수하려 해도 큰 손실을 감수해야 하는 어려운 상황이라 진퇴양난에 빠져 있습니다. 학장님께서는 예전부터 이렇게 말씀하셨지요.

"신규 사업이란 끈기 있게 끝까지 밀고 나가야 한다. 성공할 때까지 끈기 있게 몰두하면 100% 실패는 없다."

"철수는 칼이 부러지고 화살이 다 떨어져서 도저히 싸울 수 없을 때에만 해야 한다."

하지만 저희는 본사의 경영 기반이 약해서 그런 상황까지 버티다가는 치명타를 입을 수도 있습니다. 철수 결정을 내려야 한다면 빠를수록 좋지 않을까 싶습니다. 하지만 그렇다 하더라도 저희처럼 포화 상태인 업계에서는 회사의 수익성을 높이고 사업을 크게 확장하려면 신규 사업 진출이 꼭 필요하다는 생각도 듭니다. 신규 사업을

추진할 때, 진출과 철수를 판단하는 기준이 있다면 알려
주십시오.


[ 答 ]

**"신규 사업은 내가 잘하는 분야에서**

**뻗어나가야 합니다."**

---

귀하가 알고 싶어 하는 기준을 한마디로 정리하기는 어
렵습니다. 물론 귀하가 알고 있는 대로 중소기업을 성장
시키는 방법은 신규 사업 추진과 다각화밖에 없습니다.
포화 상태의 시장이라면 더더욱 그렇습니다. 내 경우는
언제나 본사의 기반이 튼튼했기에 적극적으로 신규 사업
에 나서도 충분한 지원을 받을 수 있었습니다. 그렇기에
끝까지 끈기 있게 버티는 전법을 쓸 수 있었던 것이지요.
물론 철수한 사업도 있습니다. 하지만 지금까지 얼마나
많은 신규 사업을 펼쳤는지 생각해 보면, 무척 적은 수에
불과하다고 할 수 있습니다.

업종이 다르기 때문에 귀하에게 확실한 조언이 되지

못할 수도 있지만, 나는 예전부터 신규 사업을 할 때는 본업과 너무 동떨어진 사업에는 손을 대면 안 된다고 강조해 왔습니다.

이는 모든 사업에 깊은 전문 지식과 경험이 필요하기 때문입니다. 아무리 노력해도 그 사업 분야에 깊은 지식이 없으면 성공할 수 없습니다. 오랜 세월에 걸친 경험도 굉장히 중요합니다. 신규 사업이 자신이 몸담고 있는 본업에 가깝다면 본업에 관련한 전문 지식을 활용할 수 있으니, 설령 경험이 없더라도 그다지 크게 잘못되지는 않으니까요.

나는 바둑을 둘 때 "징검다리를 놓지 마라. 반드시 이어서 둬라" 하고 말합니다. 바둑돌을 연결해서 두면 큰 집을 짓지는 못하지만 적어도 끊어지지는 않습니다. 죽을 위험성은 없는 것이지요. '징검다리'는 익숙하지 않은 사업을 의미합니다. 잘 모르는 사업에 진출하면 집을 만들려고, 그리고 그렇게 만든 집을 빼앗기지 않으려고 쓸데없는 수를 마구 두게 됩니다. 그러는 사이에 더 큰 집을 차지하려고 기다리던 경험이 풍부한 동업자에게 결국은 집을 내주고 마는 것입니다.

중소기업이 신규 사업과 다각화에 성공하려면 우선 특화된 강점을 철저히 갈고닦아야 합니다. 성공은 여기에서 시작됩니다. 자신의 특기와 특징, 강점이 무엇인지를 확실히 알아야 해요. 예를 들어 유도에서 업어치기 기술이 특기라면 바닥에 아주 작은 공간만 있어도 기술을 발휘할 수 있을 때까지 연습하는 것입니다. 귀사 같은 여성복 제조업체라면 어떤 상품에서만큼은 기능과 디자인 그리고 상품 라인업에서도 절대 지지 않을 정도로 특화되어 있어야 합니다. 또한 타사보다 단연 뛰어난 영업력이 있어야 하고요.

그리고 신규 사업은 자사가 보유한 강점의 연장선상에서 승부를 겨뤄야 합니다. 상품 라인업과 주거래 고객이 아버지가 경영하던 시절과 변함없고, 특별한 강점이나 영업력도 없는 상태에서 무작정 신상품을 취급하거나 신규 시장에 뛰어들면 크게 실패할 수 있습니다. 아버지 때부터 하던 방식으로 이제껏 잘해왔다면 더 이상 욕심내지 말고 그때까지 이룬 실적을 지켜나가야겠지요. 만약 직원들과 함께 열심히 노력해서 특정 상품이나 새로운 판매 방법 등 경쟁력 있는 강점을 갖게 되어 자신감이 생긴다면 그때 신규 사업을 시작해도 좋지 않을까 합니다.

다음으로 신규 사업 철수를 결정할 때의 판단 기준을 알고 싶다고 했습니다. 우선 이익이 나지 않는 사업이 있다면 왜 그런지를 생각해 봐야 합니다. 중소기업 경영자들은 종종 이런 말을 합니다.

"이익이 나지 않는 사업과 이익이 나는 사업이 있는데, 내가 하는 사업은 도통 이익이 나질 않아!"

그러나 이익이 나지 않는 사업이란 아무도 하지 않을 뿐더러 있을 수도 없습니다. 시작하자마자 바로 돈을 벌어들이는 사업도 당연히 없습니다. 나는 신규 사업을 추진할 때는 시뮬레이션을 충분히 한 후에 시작하기 때문에 사업부 체제로 하든 자회사 형태로 하든 실패할 리가 없다는 마음으로 달려듭니다. 만약 잘되지 않는다면 경영자가 그 이유를 생각하지 않았거나 그 이유를 알았어도 해결하려고 하지 않았기 때문입니다. 원인이 어느 쪽이든 결국 경영자에게 문제가 있는 것입니다. 그러므로 신규 사업부장이나 자회사 총책임자와 의사소통을 할 때는 최선을 다해 진검 승부를 펼쳐야 합니다.

귀하가 만약 브랜드 패션을 맡겼다면 브랜드의 강점을

잘 살렸는지를 확실히 검증해야 합니다. 그 부서의 리더에게는 그 강점을 살릴 만한 재능과 사업 수완이 있어야 하지요. 몇 안 되는 브랜드 아이템을 판매하는 것을 고집하다가 브랜드 파워를 살리지 못했다면 다른 상품을 취급하는 방법으로 브랜드를 살릴 수도 있습니다. 만약 그렇게 좁은 시야로 일을 하고 있다면, 시야를 조금 넓히기만 해도 사업을 추진하는 데 활로를 찾아낼 수 있습니다. 어떻게든 원인을 찾아내 책임자를 더 이상 물러날 곳 없는 절벽까지 몰아붙이면서 어떤 능력을 발휘하는지를 확인하면 됩니다.

하지만 온갖 방법을 다 써봐도 소용없을 때가 있습니다. 형세가 불리하고 외부 환경이 너무나도 어렵거나 도저히 능력 있는 리더를 찾아낼 수 없을 때는 용기를 갖고 후퇴해야 합니다.

공격은 누구나 지시할 수 있지만 철수 명령은 사장만이 내릴 수 있습니다. 대외적인 체면 문제도 있고 앞으로 벌어질 일이 걱정되겠지만, 사장은 어떤 책임이든 지겠다는 각오로 철수를 결단해야 합니다. 특히 이런 경기 불황으로 본사의 기반이 약해졌을 때는 결코 한순간도 망설여서는 안 됩니다. 물러나는 것도 용기입니다.

마지막으로 나의 경험에 비추어 한마디 드리겠습니다.

사업을 할 때 조금이라도 불안감이 들고 도무지 그 마음이 없어지지 않는다면 최대한 빨리 그만둬야 합니다. 설령 좋은 조건이 갖춰져 있다고 해도 마음에 떨쳐낼 수 없는 암운이 드리워져 있다면 아무리 애를 써도 결코 성공할 수 없습니다.

절대 포기하지 않는 불굴의 정신과는 모순된 말처럼 들릴지 모르겠지만, 무슨 일이 있어도 포기하지 않고 도전하는 것은 물리적으로도, 정신적으로도 무척 큰 부담을 수반합니다. 따라서 깊은 잠재의식 속에서 반드시 잘될 것이라고 믿지 않으면 계속할 수 없습니다.

전기통신 사업체인 다이니덴덴(현 KDDI)을 설립할 때도 경영자인 나는 성공할 것이라는 확신이 있었습니다. 그리고 그 확신에 단 한 점의 불안도 없었기에 절대 포기하지 않고 추진할 수 있었습니다. 주위 사람들이 이제 다 틀렸다고 포기할 때도 나의 마음속 깊은 곳에는 밝은 희망의 빛이 있었기 때문이지요.

# 네 가지 창조를
# 반복하라

●

[ 問 ]

### "신상품을 개발할 때는
### 어디에 착안점을 두어야 할까요?"

저희 회사는 합성섬유 직물을 제조하고 있습니다. 저는
대학을 졸업한 후 상사에 들어가 무역 실무를 배운 후 지
금의 회사로 이직해 현재 사장직을 맡고 있습니다. 제가
알고 싶은 것은 신상품 개발의 핵심 요소와 그 후 시장
형성 전략에 필요한 사고방식, 유의사항입니다.

저희는 이번에 미국에서 취득한 특허 기술을 응용해 특수 직물을 개발하는 데 성공했습니다. 원래 직물은 씨실과 날실을 90도로 교차시켜서 짜지만 저희가 개발한 제품은 세 가닥의 실을 60도 각도로 교차시켜서 짭니다. 쉽게 말해서 정삼각형의 형태로 직물을 짜는 기술인데, 가장 큰 특징은 무엇보다 튼튼하다는 점입니다. 내충격성이 뛰어나고 인열 강도가 높아 잘 찢어지지 않는 데다 무척 가볍습니다. 미국에서는 이 특성을 이용해 위성 안테나와 운동화, 스피커 제작 등에 저희가 개발한 특수 직물을 사용하기 시작했습니다. 그 외에도 재료로 이용 가능한 분야가 더 있을 거라고 생각합니다.

하지만 제가 고객의 니즈를 잘 파악하지 못해서 어떻게 접근해야 판매할 수 있을지 아직은 돌파구가 보이지 않고 있습니다. 판매하고자 하는 기업의 기술자들에게 제품을 소개하면 관심을 보이기는 하는데, 신소재라 가격이 비싼 데다가 업체들이 보수적이라 소재 교체에 적극적이지 않은 탓에 계약 단계에 이르지 못하고 있습니다.

학장님께서는 세라믹 소재를 응용해 다양한 분야로 비즈니스를 확장하셨는데요. 이처럼 소재의 응용 분야와 시

장 확대에 필요한 핵심 요소를 가르쳐주십시오. 또한 신
상품을 개발할 때 어디에 착안점을 둬야 하는지도 알고
싶습니다. 마지막으로 응용 분야와 시장 개척에 성공하면
미국 시장에도 진출할 계획인데, 새로운 소재와 기술에
대한 욕구가 높은 미국 기업을 공략하는 방법도 아울러
전수해 주시길 바랍니다.

[ 쫌 ]
### "오직 '네 가지 창조'만이
### 회사를 발전시킬 수 있습니다."

귀하는 소재의 응용 분야를 어떻게 확장해서 사업 기회
를 만들어야 할지를 알고 싶은 거군요. 나도 파인세라믹
을 개발하고 그 응용 방법을 끊임없이 궁리한 끝에 사업
을 확장해 나간 이력이 있는 만큼 아주 흥미로운 질문입
니다.

먼저 말씀드리고 싶은 것은, 귀하가 개발한 제품의 특
성을 사내의 연구원과 대학 교수 등 전문가에게 철저히

조사시켜서 그 물성을 정확하게 알고 있어야 한다는 점입니다. 제품의 특징과 특성을 철저히 연구해서 장점과 강점을 경영자 자신이 확실히 파악하는 것이 가장 중요합니다. 그러고 나서 다양하게 소재를 바꿔 여러 시도를 하는 것입니다. 가령 면이나 합성섬유는 물론 탄소섬유라면, 혹은 세라믹 파이버(산화알루미늄과 이산화규소를 주성분으로 한 인조광물 섬유의 총칭)라면, 아니면 위스커Whisker(결함이 적은 미세 단섬유상 결정)라면 어떨까 하고 말이지요.

나는 당초 세라믹이 갖고 있는 고주파 절연성에 착안해 제품을 개발했고, 가전제품이나 통신기기를 전문으로 하는 전기 제품 제조 기업에 절연재료로 판매했습니다. 그런데 완성된 제품을 검수하던 중 다이아몬드에 버금가는 강도가 있고 내열성이 뛰어나며, 약품에도 강하다는 다른 특성을 발견했지요. 그래서 나는 새로 발견한 특성을 철저히 연구해 내마모성, 내열성, 내약품성이 요구되는 산업 분야를 공략했습니다.

다음 단계로는 산업계 전반의 기술을 알고 있는 사람에게 상담하는 것이 좋습니다. 그저 잡다한 상식을 많이 알고 있는 수준이 아니라 공업 제품부터 일상 용품, 가정

용품에 이르기까지 기술적으로 제품 구조를 이해하고 있는 전문가여야 합니다. 낚시 전문가에게 낚시의 핵심 요령을 묻듯이 그 사람에게 제품의 장점을 근거로 용도에 관해 기술적인 조언을 달라고 부탁하는 것입니다. 즉, 어떤 산업의 어느 분야에서 응용할 수 있는지를 배우라는 뜻입니다. 낚시에 비유하면 강에서 물고기를 잡을 수 있는 지점은 어디인지, 또 그 지점에서 낚을 수 있는 물고기의 종류는 무엇이며 먹이는 무엇인지까지 조언을 구하라는 말이지요.

그런데 귀하는 이미 이 단계까지는 실천한 상태에서 고민하고 있습니다. 물고기가 있는 장소에 가서 미끼를 끼운 낚싯줄을 드리우는 단계, 즉 관심을 끌 수 있는 업체에 가서 신제품을 설명하기는 했는데 좀처럼 물지를 않습니다. 귀하가 말씀한 '기술자가 보수적'이라는 문제입니다. 이 문제는 나도 수차례 경험했습니다. 근본적으로 기술자는 보수적인 경향이 강합니다. 만약 소재를 바꿨다가 문제라도 발생하면 전부 자신이 책임져야 하기 때문에, 좀처럼 소재 교체에 적극적인 태도를 보이지 않는 것이지요. 귀하가 제품을 설명하면 관심을 보이는 사람은 한 사람 있을까 말까 하고 대다수의 기술자들은 혹시나 모조품이 아닐까 하고 고개를 갸웃할 것입니다. 여담입니다만 그중에서 가장 못마땅하고 불쾌한 표정으로 고개를 가로젓는 사람이 있다면 그 사람이 가장 우수한 사람이고 결정권자일 것입니다. 그렇기에 쉽사리 구매 계약에 이르지 못하는 것이고요.

그래서 나는 상대 기업의 기술진 중에서 아군을 만들려고 시도했습니다. 제품 설명회에 가면 '오호! 좋은걸' 하고 고개를 끄덕이는 사람이 대개 한 명 정도는 있습니다. 신중함보다는 호기심이 더 큰 사람, 즉 두뇌 회전이 빠르지만 좋은 의미로 약간 가벼운 사람입니다. 그러면 술자리라도 마련해서 그 사람에게 "오늘 보니까 제품에 흥미를 느끼신 것 같던데요" 하고 속삭여 보세요. 만약 "정말 흥미롭더군요" 하고 긍정적인 반응을 보이면 그 사람에게 사내에 좋은 반응이 생기도록 부추겨달라고 부탁하는 것입니다. 이를테면 나는 이렇게 말했습니다.

"이 소재로 함께 혁명을 일으킵시다. 하지만 혁명은 그것을 믿어주는 사람이 없으면 불가능합니다. 의심이 의심을 낳는다는 말이 있듯이 처음부터 의심하고 들면 혁명은 할 수 없어요. 그래서 이 제품을 믿어주는 당신과 함께 이 일을 추진하고 싶습니다."

즉, 신제품에 매료되어 정열을 쏟을 수 있는 기술자를 찾아내 보수적인 결정권자를 설득하는 데 큰 역할을 하도록 만들라는 것입니다. 물론 현실이 그렇게 녹록지 않으니 이 방법으로 매번 성공할 수는 없겠지만 말입니다.

나에게 첫 낚시터는 전자업계였습니다. 한 대기업과 계약하여 납품을 완수한 후, 그 실적을 내세워 의기양양하게 전기제품 제조회사를 돌아다니며 영업을 했지만 여전히 관심만 보일 뿐 구매하지는 않았습니다. 교세라가 영세기업이라는 이유 때문이었지요. 생긴 지 2년밖에 되지 않은 기업의 소재를 사용할 수는 없다고 하더군요. 기술을 따지기 전에 회사가 신용을 얻지 못한 것입니다.

지금까지 잊히지 않는 일이 있습니다. 한겨울에 호쿠리쿠 지역에 있는 한 회사에 절연재료를 영업하러 갔을 때였습니다. 남쪽 지역 출신인 나는 눈길이 익숙하지 않아 자꾸만 발이 빠졌고, 그러자 신발 속으로 눈이 들어가 견딜 수 없을 정도로 발이 시렸습니다. 그렇게 고생한 끝에 간신히 회사에 도착했는데 문전박대를 당한 것입니다.

"그런 듣도 보도 못한 회사 제품은 안 씁니다"라고 하더군요. 발은 아프지 배는 고프지, 정말 비참한 심정으로 역까지 되돌아왔습니다. 마침 역 대합실에 난로가 있기에 '아! 이제 좀 살 것 같다' 하고 불을 쬐고 있는데 뭔가 타는 냄새가 나더군요. 얼른 발밑을 내려다보니 코트 자락이 타고 있지 뭡니까. 그런 일도 있었답니다.

그래서 나는 '낚시터'를 바꾸기로 했습니다. 제품의 쓰임새가 확실하고 수요 기업에서 관심을 보인다는 사실을 확인했는데도 회사가 영세하다는 이유로 기술을 신뢰받지 못하니, 벤처기업이라도 품질만 좋으면 구매하는 풍토를 가진 미국 시장을 개척해 보기로 한 것입니다. 아무런 연줄도 없었지만, 무조건 덤벼들지 않고 경험을 살려 공략할 대상을 낱낱이 조사했습니다. 그렇게 성공할 수 있는 제품의 핵심 기술을 철저히 연구해 미국의 대규모 가전제품 기업으로 자사 제품을 영업하러 갔지요. 미국 기업은 일본 기업과 달리 기능 테스트 결과가 좋으면 기술을 인정해서 제품을 구매해 주었고 기업의 규모는 조금도 문제 삼지 않았습니다. 그 덕분에 빠른 속도는 아니었지만 해외 영업에 성공해서 매출을 차차 확대해 나갈 수 있었습니다.

다음으로 기업을 발전시키기 위한 '네 가지 새로운 창조'라는 관점에서 보충 설명을 하겠습니다. 나는 기업을 발전시키는 요소는 '창조'밖에 없다고 생각합니다. 신상품 개발도 물론 창조입니다. 이런 창조에는 네 가지가 있습니다.

'새로운 수요 창조', '새로운 시장 창조', '새로운 기술 창조', '새로운 상품 창조'. 단, 이 네 가지는 독립적으로 존재하는 것이 아니라 혼연일체되어 있습니다. 기술 창조에 성공하여 상품 창조로 연결한 다음, 수요를 창출하고 시장 형성으로도 이어나가야 신기술이 기업의 발전에 공헌할 수 있는 것입니다.

나는 텔레비전과 라디오 시대가 열리면 고주파용 절연 재료가 필요할 것이라 전망하고 파인세라믹을 연구하기 시작했습니다. 그리고 브라운관에 사용되는 고주파 절연 재료에 연구 결과를 응용해, 실제로 내가 개발한 부품을 전기제품 제조 회사에서 사용하게 하는 데 성공했습니다. 세라믹의 용도를 확장해 '새로운 수요'를 창조한 것이지요.

그다음으로 국내와 세계로 판로를 넓히고자 새로운 시

장을 창조해 나갔습니다. 그리고 시장을 창조한 동시에 그곳으로 가서 기술 시장의 요구에 부응할 수 있는 새로운 기술을 창조했습니다. 그 후에는 상대가 필요로 하는 전자부품을 만들어 '새로운 상품'의 창조를 이뤄나갔지요. 이중, 삼중으로 창조를 거듭한 것입니다. 교세라는 이 새로운 네 가지 창조를 끊임없이 반복했고, 어느새 '네 가지 창조'는 전 직원의 습관으로 자리 잡았습니다. 그 결과 오늘날과 같은 큰 발전을 이룬 것입니다.

그리고 이러한 습관과 노력의 총결산물이 바로 다층구조 IC 패키지(반도체 밀봉용 세라믹 적층기판) 개발입니다. 잘 아시다시피 반도체 부품 세계에서는 진공관이 트랜지스터(전극이 3개 이상 있는 반도체 증폭 소자)가 되고 IC로 발전하였고 이를 통해 세라믹의 용도도 점점 복잡해졌습니다. IC에서 요구되는 기술은 종래 세라믹의 개념, 즉 분말을 이겨 굳힌 뒤 소성해서 도자기 그릇을 만드는 트랜지스터 시대의 기술 상식으로는 생각할 수 없는 것입니다.

우리는 네 가지 창조를 끊임없이 반복하는 과정에서 난제는 하늘이 준 시련이라고 생각했습니다. 그렇기에 어떤 난관이라도 극복하려고 노력했습니다. 그렇게 날마다 노력을 거듭하는 동안 획기적인 기술을 수없이 창조하게 된 것입니다. 교세라는 금속산화물 가루에 점착성이 있는 유기용제를 섞어 마치 껌처럼 얇은 세라믹 시트를 만드는 기술, 그 시트에 실크 스크린 인쇄 기술을 응용해 텅스텐으로 회로를 인쇄하는 기술, 완성된 시트를 겹쳐 적층 구조로 만드는 기술, 인쇄한 전자회로 패턴을 질소와 수소의 혼합기류 속에서 세라믹과 동시에 고온으로 소성시키는 기술 등 정말 다양한 기술을 개발했습니다.

이 IC 패키지 기술이 반도체의 발전, 나아가서는 정보화 사회의 역사를 이끌어온 것입니다. 교세라의 패키지가 없었더라면 반도체 산업의 발전 양상은 완전히 달라졌을 거라고 말할 수 있을 정도입니다.

자신이 갖고 있는 기술과 상품을 활용할 곳은 반드시 있습니다. 그러한 틈새시장을 노려 사업을 성장시켜 나가야 합니다. 그 과정에서 이룩한 '새로운 네 가지 창조'는 반드시 귀하의 회사를 발전시킬 것입니다.

부록

강한 회사를 만들기 위한 세이와주쿠의 대담

**학장** 세이와주쿠는 정례회는 물론, 이 친목회도 굉장히 분위기가 좋습니다. 훌륭한 의지와 열정을 지닌 분들이 모여 있기에 파동이 다른 것입니다. 나는 세이와주쿠의 정례회에 와서 딱 한 번 말고는 불쾌한 경험을 한 적이 없습니다. 무척 지쳐 있을 때도 있고, 매번 할 말을 준비하는 게 쉽지 않아서 점점 힘이 들긴 하지만 그렇다고 참가하기 싫은 적은 없었습니다.

나는 세이와주쿠에 오면 성심성의껏 여러분에게 조언을 해야 해서 친목회가 열려도 음식을 먹을 여유가 없습니다. 오늘도 사무국장이 "건강에 좋지 않으니 우동이라도 드시지요" 하고 신경을 써주며 권하기에 마음 놓고 먹고 있었는데, 바로 또 "학장님, 빨리 드시고 수강자들에게 상담을 해주셔야겠어요. 줄이 길게 늘어서 있어서요" 하고 재촉하지 않겠어요? 그것도 매번 우동뿐인데 말이지요.

'아이고, 적당히 좀 해주소' 하고 속으로 되뇌고 있는데 "2차도 함께해 주십시오"라고 말하는 것입니다. '아니 뭐, 내가 우동만 먹여주면 일하는 로봇이란 말인가' 하는 생각이 들었지요. 여러분은 지금 웃고 계시지만 정말이라니까요.

하지만 괜찮습니다. 좋아요. 정례회에서 강의를 듣거나 경영 토론을 벌이는 것도 공부지만 이렇게 마주 앉아 술잔을 나누며 진지하게 경영과 인생에 관해 이야기하는 것도 공부입니다. 그래서 싫은 적이 한 번도 없었지요.

그리고 "일전에 학장님을 뵙고 나서 인생이 바뀌었습니다"라고 말하는 분들도 있었습니다. 나 같은 사람을 만나 도움이 되었다는 말을 들으면 그야말로 기쁘기 짝이 없습니다.

역시 마음의 파동이 맞는가 봅니다. 비슷한 심지를 지닌 사람들이 모이니 분위기도 좋고 즐겁습니다. 여러분과 나는 모여서 열정의 소용돌이를 만들어낸다고 해도 좋을 것 같습니다. 이런 파동이 매우 중요하기 때문에 교세라에서도 굉장히 중시하고 있습니다. 말이 길어져서 죄송합니다. 자, 마십시다. 아까 '질문 있습니다' 하신 분, 말씀해 보시지요.

수강생 경영자 예전에 교세라의 어떤 임원분께 듣기로는, 학장님은 아무리 몸이 좋지 않을 때라도 주사를 맞으면서까지 직원들과의 친목회에 반드시 참석해서 마지막 한 명까지 이야기를 나누셨다고 하더군요. 교세라의 친목회는 어떤 자리인가요? 저는 교세라의 친목회가 직원들과의 커뮤니케이션의 원점이 아닌가 생각합니다.

학장 교세라의 친목회가 직원들과의 커뮤니케이션의 원점이 아니냐고 말씀하셨는데요, 맞습니다. 정말 고생하고 있는 직원들을 위해 마련하는 자리입니다. 그리고 그 자리에서 술 한잔을 기울이며 화기애애한 분위기에서 앞으로 어떤 인생을 살 것인지를 함께 이야기하고 서로 더 나은 미래를 위한 기회를 만들지요. 이것이 교세라의 방식입니다.

그러므로 교세라 친목회는 매우 진지합니다. 그저 즐기기만 한다거나 이성을 잃을 정도로 술을 마시는 건 최악입니다. 이 모임에서 그런 사람은 바로 쫓겨나지요. 그래서 자연히 진지하고 화기애애한 분위기가 이루어지고, 이런 분위기에 맞지 않는 사람은 스스로 떨어져 나갑니다.

교세라의 친목회는 결코 딱딱한 자리가 아닙니다. "여러분 오늘 고생 많으셨습니다. 조촐합니다만 맛있는 식사와 술을 즐기십시오" 하는 자리이지요. 편히 웃으면서 먹고 마시는 동안에 내가 "잠깐만요, 지금 막 생각난 게 있습니다" 하고 이야기를 시작하면 모두 진지하게 들어줍니다. 그리고 이야기가 끝나면 또 "자, 어서들 드십시오. 더 마십시다" 하고 말합니다. 아주 편한 분위기이면서도 매우 진지합니다. 이것이 교세라 친목회의 원점입니다.

물론 "오늘은 제가 틀렸습니다" 하고 사과할 때도 있는가 하면 "오늘 여러분은 제가 이런 말을 했을 때 뚱한 표정을 지으셨지요? 왜 그런 거예요?" 하며 의사소통을 꾀하기도 합니다. 또한 "지금 자네 생각은 틀렸네" 하고 정면으로 인생론을 펼칠 때도 있습니다.

그런데 한편으로는 '저 사장님은 말은 저렇게 하지만 우리에게 일을 시키려는 것뿐이야. 회사가 돈을 벌기만 하면 된다고 생각하는 게 분명해'라는 생각을 하며 모든 것을 부정적으로 받아들이는 사람이 있습니다. 그런가 하면 인생론을 펼쳐도 삐딱한 태도로 일관해 대화가 되지 않는 사람도 있지요. 그런 사람들도 역시 친목회에 참가하고 있습니다. 우리 친목회는 전원이 참가하는 것이 원칙이기 때문에 간혹 냉소적이고 어두운 사람에게는 "자네, 생각해 보게나. 회사에는 더 밝고 인생을 긍정적으로 살아가는 직원이 필요한 걸세. 자네처럼 부정적으로 생각하면 곤란하네"라고 직접 말한 적도 있습니다. 그래서인지 친목회 다음 날에는 부정적인 사고를 가진 사람들이 종종 그만두겠다고 말해오기도 합니다.

술을 마시고 속마음을 털어놓으며 대화를 나누면 사장도 직원도 인품이 전부 드러납니다. 그렇습니다. 술을 어떻게 마시느냐에 따라 인생이 결정되는 일도 있습니다. 사람은 술 마시는 행위 하나로도 얼마든지 타락할 수 있는 존재입니다.

하지만 인생을 좋은 방향으로 이끄는 술자리도 있습니다. 술잔을 주고받으며 흉금을 털어놓을 때 인생이란 무엇인지, 인간은 어떻게 살아가야 하는지를 이야기하다 보면 사람이 달라집니다. 즐거워하며 떠들고 기분 전환을 하는 것만이 술자리의 목적은 아니니까요. 술을 마시면 마실수록 진지하고 마음에 새겨지는 이야기를 서로 터놓게 되지 않습니까? 술을 마신다면 그런 멋진 술을 마셔야 하지 않겠습니까? 교세라의 친목회가 바로 그런 자리입니다.

**수강생 경영자** 그렇게 많은 직원과 회식 자리에서 어떻게 대화를 나누고 계시는지요? 저는 직원이 300명이고 사무소도 스물다섯 군데나 있어서 이미 포기했습니다만….

**학장** 회사가 커지고 나서는 생각처럼 잘되질 않습니다. 그래서 저를 대신해 간부들이 나서서 인생관과 철학을 이야기할 수 있도록, 그분들과 철저히 대화를 나눠왔습니다. 이제는 그분들이 각자의 영역에서 나의 분신이 되어 철학을 이야기하고 친목회를 이끌어주는 덕에 회사가 유지되고 있지요. 그래서 이렇게 자원봉사로 세이와주쿠를 운영하다 보면 직원들에게 엄청난 불만이 쏟아지기도 합니다. "회장님은 다른 데서만 얘기하시고 우리에게는 아무 말도 안 해주셔" 하고 말입니다.

하지만 귀하의 기업 규모라면 전 직원과 회식 자리를 마련하는 건 의지의 문제라고 생각합니다. 저는 예전에 직원이 1000명쯤 되던 공장에서 열린 전사 송년회에 매년 참석하던 시기도 있었습니다. 그렇게까지 할 수 있었던 원동력은, 최소한 1년에 한 번 정도는 전 직원과 얼굴

을 마주해 대화를 나누고 싶다는 일념이었어요. 그런 일
념이 있어야 비로소 기업 내에 철학을 공유하는 풍토, 즉
'이 사람과 함께라면 어떤 고생도 견뎌보자' 하는 기업 문
화가 형성된다고 생각합니다. 결코 이론이나 기술이 다가
아니에요.

귀하는 후계 경영자이므로 멍하니 있으면 안 됩니다.
그다지 고생도 겪지 않고서 그만한 규모의 사업체를 물
려받은 것만으로도 행복하지 않습니까? 그 정도의 고생
은 고생 축에도 들지 않으니 땅바닥을 기어서라도 현장
을 직접 찾아다녀야 합니다. 또한 회식 자리에서는 직원
들의 테이블을 다니면서 이야기를 나누라고 권하고 싶습
니다.

회식에서 귀하를 존경하고 따르는 직원들에게 귀하의
사상을 불어넣으면서 아버님의 지지자가 아닌 자신의 지
지자로 끌어안아야 합니다. 회식은 그렇게 자신을 믿고
지지해 주는 직원을 늘리는 수단입니다. 그렇게 생각하면
더 적극적으로 참석할 수 있을 것입니다.


**수강생 경영자** 저도 아직 미숙한 후계 경영자로, 세상

에서 말하는 전형적인 경영 2세입니다. 저는 학장님이 강조하신 '경영 12개조(34쪽)'를 지침으로 삼아 노력해 왔습니다. 하지만 지금 12개조 중에서 제게 가장 부족한 점은 '불타오르는 투혼'이라고 생각합니다. 아무런 불편 없이 유복하게 자란 탓인지 격투기보다 뜨거운 투지가 필요하다는 항목은 아무리 애써도 터득하지 못할 것 같습니다. 어떻게 하면 불타오르는 투혼을 갖출 수 있을까요?

학장 선천적으로 격투기 선수처럼 승부욕이 강한 사람은 분명히 있습니다. 하지만 내가 말하는 투혼이란 그렇게 거칠고 어설픈 투혼이 아니라, 어머니가 지닌 투혼을 뜻하는 것입니다. 누군가 아이를 해하려 할 때 어머니들은 조금도 두려워하지 않고 적에게 달려들지 않습니까? 바로 그런 정신이 필요합니다.

어떤 영상에서 매에게 습격당하는 아기 새를 보고 놀란 적이 있습니다. 매는 꼭 연약한 아기 새들을 공격하는데요, 아기 새가 위험에 처하자 어미 새가 새끼를 보호하려고 상처를 입은 시늉을 하더군요. 그리고 소리를 내어

적을 자신 쪽으로 유인하여 스스로를 희생해서라도 아기 새를 구하려고 합니다. 이처럼 동물의 세계에서도 어머니는 어떤 아버지도 갖지 못한 굉장한 용기와 투혼으로 자식을 구하려 합니다.

투혼이란 어떤 대상물에 대해 자신의 책임을 다하려 할 때 발휘되는 것이라고 생각합니다. 즉, 투혼이 드러나려면 이렇게 '지킬 대상'이 필요합니다. 원래 도련님으로 귀하게 자라면서 싸움도 해본 적이 없고 투혼과는 인연이 멀었다고 해도, 일단 경영자가 된 순간 '사원'이라는 자식들, 다시 말해 '대상'이 생기는 것이니 회사가 위기에 처하면 자신이 피투성이가 되어서라도 지키게 되는 것입니다. 그런 과정을 통해 투혼이 발휘됩니다.

그런데 신기하게도 전쟁터에서 단련된 사람보다도 귀하처럼 약해 보이는 풋내기 도련님 같은 사람이 정말로 작정하고 달려들면 조폭들도 등줄기가 오싹해진다고 합니다. 두들겨 패서 큰 부상을 입혀도 다시 일어나 달려들기 때문에 더 무섭다고들 하지요. 한마디로 싸움은 완력이 아니라 '담력'입니다.

경영자의 투혼이란 자신의 회사, 부모에게 물려받은 회

사, 직원과 고객이 있는 소중한 회사, 그리고 사회에 도움이 되는 회사를 만들기 위해서 '그런 불합리한 자들에게 질 수 없지, 나는 목숨을 걸고서라도 회사를 지키겠어' 하는 마음입니다. 그런 투혼이 생기면 흔들림 없는 담력을 갖추게 됩니다. 결코 완력만이 투혼을 뜻하는 것은 아닙니다. 회사와 사원에 대해 책임감을 갖고 사회적 의의에 대해 생각하면 단단한 각오가 생길 것입니다.

애초에 경영자의 용기란 만용蠻勇이 아닙니다. 신중하게 깊이 생각하는 사람이 아니면 경영자의 임무를 제대로 해낼 수 없습니다. 다만 그런 사람은 주로 겁쟁이라 용기가 없는 게 흠입니다. 하지만 신중한 사람이 회사를 위해 굳게 결심하고 거친 역경을 헤쳐나가면 비로소 진정한 용기가 생깁니다. 바로 그때라야 진정한 경영자가 될 수 있습니다. 나는 부하 직원들을 전부 그렇게 단련시켜왔습니다.

**수강생 경영자** 진정한 용기에 관해 이야기를 나눈 뒤에 이런 패기 없는 질문을 하게 되어 송구합니다만, 저는 젊은 사원들의 가치관에 당황할 때가 있습니다. 이를테면 일이나 출세보다 가정 일을 우선시하고 삶의 보람으로 여기는, '가정제일주의' 사고방식입니다. 솔직히 말씀드리면 간부조차 자식의 운동회나 학예발표회만큼은 꼭 가고 싶다며 휴가를 내는 사람이 늘어났습니다. 최근에는 일보다 사원들의 새로운 가치관과 싸우고 있는 듯한 기분이 들기도 하는데 어떻게 받아들여야 할지 고민입니다.

**학장** 이 문제는 아마도 경영하고 있는 사람이라면 누구나 겪고 있는 고민이라고 생각합니다. 이런 질문을 하는 것은 결코 부끄러운 일이 아니며, 다른 분들도 모두 묻고 싶은 내용일 것입니다. 확실히 오늘날 젊은 세대는 그런 성향이 커지고 있습니다. 하지만 내가 회사를 설립하던 당시에도 그런 사고를 지닌 사람이 분명히 있었습니다. 지금처럼 많지는 않았지만요.

시대가 달라졌기 때문에 이 질문이 지금까지도 통용된다고는 생각하지 않지만, 나는 그럴 때 이렇게 묻곤 했습니다.

"만약 직원들 모두가 근무 시간 내에는 열심히 일하겠

지만 야근은 하고 싶지 않다고 생각하면 회사는 어떻게 되겠는가?"

가령 귀하의 회사에 100명의 직원이 있다면, 아무리 충성도가 높아도 경영자를 포함한 대여섯 명의 임원만으로는 회사를 지탱할 수 없습니다. 회사란 반드시 문제가 일어나기 마련이므로 어떤 문제가 생겼을 때 근무 시간 내에만 일하려는 직원들밖에 없다면 해결하기 어렵습니다. 그런 사람들이라도 회사가 벼랑 끝에 섰을 때는 이해하고 협력해 주어야 합니다.

하지만 경영자를 지원해야 할 때도 자신의 권리만을 주장하면서 오히려 반대로 행동하는 사람들이 있습니다. 그래서 나는 위기 사태가 발생했을 때 야근을 해서라도 해결하고자 노력하는 직원이 필요하며, 그렇게 협력하고자 하는 직원들이 얼마나 있느냐가 회사의 운명을 결정한다고 생각합니다. 결과적으로 경영자는 직원들의 의식을 경영자와 같은 수준까지 높여야 합니다.

그래서 나는 회사의 경영 상태를 있는 그대로 직원들에게 알려줍니다. 순조롭게 운영되고 있을 때는 "전부 여러분이 노력해 준 덕분입니다"라고 감사를 전하고, 상황이 좋지 않을 때는 솔직하게 밝히고 함께 노력하는 풍토를 조성하며 직원들의 마음을 경영자의 마인드와 같은 수준으로 고양시켜 왔습니다.

하지만 이제는 시대가 바뀌었습니다. 시간만큼 일하고 급여를 받으면 된다고 생각하는 사원이 늘어나고 있어요. 만약 그런 사람들을 기준으로 생각하며 경영한다면 종신 고용제는 붕괴할 것입니다. 실제로 요즘 기업 경영자들 사이에서 종신고용제를 없애자는 의견이 나오고 있습니다. 그렇게 되면 미국이나 유럽식 경영 형태로 바뀔 수밖에 없습니다. 일본에서 미덕으로 여겨온 종신고용과 연공서열에 따른 급여 제도는 사라질 것이고요.

그 일은 언젠가 일어나겠지요. 하지만 세상이 그리 바뀐다 해도 교세라만큼은 가장 마지막으로 바뀌지 않을까 합니다. 그때까지는 회사와 직원이 한마음으로 열심히 노력하는 회사가 되고 싶습니다. 그런 게 승부라고 나는 생각합니다. 그렇지 않을까요?

**수강생 경영자** 그렇다면 회사를 위해서 어느 정도 자신을 희생할 수 있는 사원을 기대하지 말라는 말씀이신지요?

학장 아닙니다. 노력은 해야지요. 하지만 시대의 흐름을 거스를 수 없는 측면이 있다는 뜻입니다. 전쟁 후 열악할 수밖에 없었던 교육 환경 때문에 필연적으로 생긴 빚이 라고 할까요. '왜 일하는가'에 관한 직업 윤리관 교육을 받지 않은 세대를 붙잡고 회사를 위해서 개인은 어느 정도 희생해야 한다고 말해봐야 통하지 않는 부분이 있다 는 것입니다. 특히 여러분의 경우는 대부분 가업을 물려 받은 경영 후계자이기에, 사원들에게는 그 말이 여러분 집안의 번영을 위해 희생하라는 것처럼 들릴 것입니다. 그러니 그리 말한들 아무도 따르지 않는 게 당연합니다. 하지만 이렇게 말할 수는 있겠지요.

"여러분이 우리 회사에서 급여를 받아 생활하고 있다 면, 회사가 잘되어야 여러분도 먹고살 수 있습니다. 그러 니 프로 의식을 갖고 회사를 지켜주십시오."

아니면 이렇게 호소할 수도 있습니다.

"고객이 우리를 믿고 사랑해야 회사가 번창할 수 있는 법입니다. 고객을 위해서라도 필요하다면 휴일 출근이나

야근을 해주지 않겠습니까? 고객을 대하는 책임이라 여기고 프로로 일해주십시오. 그 대신 저는 그런 여러분을 위해서 온 힘을 다해 고용 안정을 지키겠습니다."

귀하는 이런 직업의식 교육을 통해 직원들이 책임감 있게 행동하도록 육성해야 합니다. 단, 이를 위해서는 직원들에게 희생만 요구할 것이 아니라 귀하가 먼저 직원들을 잘 대우해 주어야겠지요. 전 직원을 대상으로 하기 어렵다면 간부들부터 시작해 회사의 수뇌로서 자긍심을 갖고 일하도록 알맞은 대우를 해야 합니다. 경영자로서는 사생활을 희생할 정도로 애사심이 투철한 사람을 원할 수도 있지만, 그런 인재는 좀처럼 없습니다.

**수강생 경영자** 예전에 학장님께서 "저는 완전히 회사밖에 모르는 사람이라 일만 하느라고 가족을 돌보지 못했습니다"라고 말씀하셨는데, 가정을 희생했다고 생각하시나요? 일과 삶의 균형을 어떻게 맞추어야 할지 궁금합니다.

**학장** 내가 일밖에 모르고 가정을 돌보지 않은 것은 사실입니다. 하지만 아내는 제가 밤중에 돌아와도 먼저 잠자리에 들지 않고 꼭 기다려주었습니다. 결혼하고 나서 오늘날까지도 먼저 잠들어 있던 적은 한 번도 없었습니다. 그래서 나는 집에 들어오면 "오늘 고객과 술자리에 갔다가 이런 일이 있었어"처럼 될 수 있는 한 그날 있었던 일을 아내에게 이야기하곤 했습니다. 그렇게 대화를 나누면 함께 일하는 것 같은 감각을 느끼리라고 생각했지요. 그래서 내가 왜 그렇게 열심히 일하는지 우리 가족은 잘 이해해 준다고 생각했고, 그런 신뢰 관계가 있었기에 세이와주쿠에서는 "그런 걸 생각하고 있으니 안 되는 것입니다. 가정 일을 생각할 여유가 있다면 일을 하세요. 그러면 가족도 분명 알아줄 것입니다"라고 단언할 수 있었습니다. 그래서 나는 가정을 희생했다고 생각하지 않았습니다.

어느 날은 딸아이가 이렇게 말한 적이 있습니다.

"아빠한테는 우리 네 가족뿐만 아니라 몇천 명이나 되는 자식이 있으니 당연하다고 생각해요. 우리만 아빠의 사랑을 다 받을 수는 없다는 걸 잘 알고 있어요."

나는 그 말 한마디로 모든 것이 얼음 녹듯이 사르르 풀

렸다고 생각했습니다. 가족이 큰 사랑에 눈을 뜬 것입니다. 그렇지만 아이들이 성장해서 결혼을 앞둔 어느 날 밤, 아내와 딸 셋과 함께 이야기를 나누던 중 큰딸이 이런 말을 하더군요.

"아빠는 아무것도 모르면서 우리가 이해해 줬다고 생각하는 거예요. 우리 모두 불만이 있었지만 표현하지 않았을 뿐이라고요."

갑자기 분위기가 심각해졌습니다. 그러자 이번에는 막내딸이 말을 꺼냈습니다.

"옛날에 회사가 아직 작았을 때, 아빠가 밤중에 돌아와서는 '모두 일어나거라' 하고 깨우시더니 회사 이야기를 해주셨어요."

그런데 그 회사 이야기란 게 아주 강렬하더군요.

"한참 얘기를 하시더니 마지막으로 '아빠의 회사는 언제 쓰러질지 모른단다. 회사가 쓰러지면 아빠에게는 돈이 한 푼도 남지 않아. 간신히 구입한 이 분양주택도 담보로 들어가 있어서 빼앗길지도 모르지. 그러니 아빠는 열심히 일해야 하는 거란다'라고 하셨어요. 어린 마음에 너무 무서웠어요. 어린아이가 정신적으로 얼마나 큰 충격을 받을

지 상상도 못 하고 그런 무시무시한 말을 하는 아버지가 정말 미웠어요."

나는 그 말에 정말 놀랐습니다. 한 방 얻어맞은 느낌이었지요. 나는 가족이 모두 잘 이해하고 따라와줬다고만 생각하고 있었는데, 사실은 그게 아니라 모두 힘들면서도 참아왔다는 걸 그제야 깨달았습니다.

**수강생 경영자** 사적인 질문을 드려 송구하지만, 따로 실천하고 계신 건강 유지법이 있으신지요?

**학장** 나만의 특별한 건강 유지 방법은 아무것도 없습니다. 그렇다고 원래 건강 체질이냐고 하면 그렇지도 않아요. 어릴 때부터 무척 병약했습니다. 초등학교 6학년 때부터 중학교에 들어갈 무렵까지 결핵으로 1년 동안 휴학하고 요양을 했을 정도니까요.

굳이 건강을 유지하는 비결이라고 하면 마음가짐을 항상 밝게 지니는 것 그리고 매일 감사하면서 살아가는 것이 아닐까 하는 생각이 듭니다. 나는 쓸데없는 고민으로 괴로워하거나 불평불만을 하지 않으려고 합니다. 현재 여기서 이렇게 살아간다는 데 감사할 따름이지요. 그래서 아침에 일어나 가장 먼저 입 밖에 내는 말이 "감사합니다"입니다. 그리고 잘못된 행동을 했다면 "신이시여, 죄송합니다" 하고 말합니다. 이런 습관이 밝고 좋은 기분을 유지할 수 있는 비결이라면 비결일까요. 나는 그 덕분에 건강한 것이라고 생각합니다.

수강생 경영자 훌륭한 경영자의 조건은 무엇인지 듣고 싶습니다.

학장 마지막을 장식하는 데 어울리는 질문이군요. 한 가지 예를 들어 이야기해 보지요. 저희 자회사 가운데 광학 렌즈를 연마하는 회사가 있습니다. 원래 제2차 세계대전 이전부터 있던 회사가 종전 후에 여러 가지 변화를 겪은 끝에 어떤 회사의 자회사가 되었는데, 그 회사를 저희 교세라가 매수해 자회사가 된 것입니다.

이 회사는 종전 후에 계속 힘들게 경영해 왔습니다. 예전 회사의 산하에 있었을 때도 적자였고 교세라에 합병된 이후로도 적자가 계속되었습니다. 사실 렌즈 연마는 굉장히 까다로운 작업으로 대표적인 3D 업종입니다. 흙투성이가 되어서 굉장히 힘든 작업을 해야 하지요. 게다가 경영 상태가 좋지 않았기에 작은 규모의 회사인데도 상당히 과격한 노동조합이 있었습니다. 상급 단체와 노동조합 전임자도 있어 매우 활발하게 조합 활동을 하는 회사였어요.

처음에는 교세라에서 중견 간부를 보내 경영 개선을 도모했지만 노조가 가로막아 2년이 지나도록 별 성과를 얻지 못했습니다. 그래서 다음으로는 저와 30년 함께 일해온 간부를 파견했습니다. 그런데 2년 정도 지났을 때 그 간부가 "회장님, 더 이상 안 되겠습니다. 직원들이 조합이 주입한 사상에 빠져 있어 도저히 어떻게 할 수가 없습니다. 그만두고 싶습니다. 임무를 다하지 못하고 중간에 포기하는 것이니 교세라도 그만두겠습니다"라며 지쳐 돌아오더군요.

몹시 난처했지만 달리 방법이 없었기에 그 간부의 부하였던 직원을 다시 보냈습니다. 그는 시가현에 있는 공장에서 세라믹 연마 직공들의 현장 감독으로 일하던 인물입니다. 대학은 나오지 않았고 다른 회사에서 교세라로 이직해 왔지만, 교세라에서도 딱히 두각을 나타내지 못하여 밑바닥부터 갖은 고초를 겪은 끝에야 작은 부서의 팀장이 된 사람이었습니다.

그를 발탁한 건 세라믹 연마와 렌즈 연마가 매우 비슷한 일이기 때문이었습니다. 나는 "미안하지만 오메 공장으로 가서 재건을 맡아주게나"라고 지시하고 간부 자격으로 그를 보냈지만 사실 그다지 큰 기대는 하지 않았습니다. 적자가 계속되고는 있었지만 교세라 전체 그룹으로 보면 그리 큰 영향은 없었거든요.

그런데 그를 파견하고 나서 햇수로 3년이 지났을 때 월 결산에서 흑자라는 보고가 들어왔지 뭡니까. 제2차 세계대전이 끝난 후부터 만년 적자였던 회사가 처음으로 흑자를 낸 것입니다. "자네, 대단하군" 하고 칭찬하자 "회장님, 이제 간신히 여기까지 왔으니 열심히 해서 이 회사를 더 성장시키고 싶습니다"라고 말하더군요.

하지만 운이 따르지 않는 것인지 하필 그 무렵부터 버블이 붕괴되더니 경기 하락이 본격화되었습니다. 수주도 감소하고 있었기에 당연히 얼마 버티지 못할 거라고 생각했지요. 그렇지만 일단 "열심히 해보게나" 하고 격려했습니다.

그런데 경기는 점점 악화되는데도 흑자가 정착하더니 더는 적자가 나오지 않았습니다. 그를 자회사로 보낸 지 6년이 지나자 생산 규모는 작지만 매년 착실하게 10%의 이익을 냈습니다. 저는 이 자회사의 다른 간부를 불러 어떻게 된 연유인지 물었습니다.

재건 책임자로 파견된 그 간부는 갓 부임했을 때부터 회사에 대한 불신감으로 꽉 차 있던 사람들을 상대로 누구 할 것 없이 교세라의 경영 철학을 내세우며 '인간으로서 무엇이 옳은가?' 하고 설득하고 다녔다는 것입니다. 자회사의 직원들은 그를 모회사에서 자신들을 괴롭히기 위해 보낸 사람이라고 생각하여 적개심으로 똘똘 뭉쳐 있었습니다. 그런 직원들을 상대로 조금도 망설임 없이 현장에 나가 경영자로서가 아니라 '인간'으로서 무엇이 옳은지 그 한가지에 대해 직원 한 명 한 명을 붙들고 논쟁을 벌였다는 것이었습니다.

그는 출신지인 시가현에서 외부 지역으로 나가본 적도 없고 교육도 충분히 받지 못했던 사람입니다. 더구나 달변가도 아닌 사람이 시골 사투리를 쓰면서 도시 사람

들을 상대로 끝없이 대화를 시도한 것입니다. 나도 처음
에는 문제라도 일어나는 게 아닐까 조마조마한 심정으로
지켜보았습니다. 그런데 그 어눌한 열변에 귀를 기울이는
이가 한 사람, 또 한 사람씩 나오다가, 결국은 조합의 사
상에 몰입해 회사에 반감을 품었던 간부들도 어느새 그
의 의견에 동의하기 시작한 것입니다. 물론 쉽진 않았지
만 서서히 바뀌었지요. 즉, 흑자 전환은 '인간으로서 어떻
게 살아야 하는가'에 대한 직원들의 사고방식이 바뀌어
나타난 결과였습니다.

　어느 날 그 회사에서 신공장 개업식이 열렸습니다. 그
가 꼭 와달라고 청하기에 나도 참석했습니다. 그때까지
내가 기억하던 것은 매수 당시의 광경뿐이었습니다. 더러
운 공장, 매수한 회사의 경영자가 시찰하러 왔다고 하니
적개심에 가득 찬 눈으로 맞이하던 직원들, 경영자를 비
난하는 내용을 조악한 인쇄기로 찍어낸 조합 신문… 그
런 나쁜 인상밖에 없었지요. 그런데 놀랍게도 내가 들어
서자 직원들이 가볍게 인사를 하며 웃음으로 맞아주는
게 아니겠습니까. 그것도 오랫동안 애타게 기다리던 아버
지가 드디어 만나러 와주었다는 듯한 표정이었습니다. 게

다가 공장은 아주 깔끔하게 정리 정돈되어 있었습니다. 물론 돈을 들인 것이 아니라서 구석구석 칠이 벗겨져 있기는 했지만 먼지 한 톨 없었습니다.

그는 조금도 자만하거나 으스대지도 않고 내게 이렇게 말하더군요.

"회장님, 이렇게 멋진 일을 하게 해주셔서 뭐라고 감사의 말씀을 드려야 할지 모르겠습니다. 정말 감사합니다."

나는 회사가 흑자로 전환되었으니 노력한 보람도 있고, 전무로서 자부심을 가질 수 있게 되어 기쁘겠거니 짐작하며 "그게 무슨 뜻인가?" 하고 되물었습니다. 그러자 그는 이렇게 대답했습니다.

"경영이 이렇게 재미있는 일이라는 것을 깨닫게 해주셔서 감사합니다. 지금까지 인생에는 일 외에도 재미있는 일이 얼마든지 있다고 생각했습니다. 하지만 경영의 참된 즐거움을 알게 되니, 다른 것들과는 비교조차 할 수 없습니다."

그 말을 듣고 나는 더 이상 할 말이 없어 "자네, 경영자로서는 모든 걸 전수받은 거네"라고 무심코 말해버렸습니다. 그런 그가 한번은 직원의 가족에게 감사 편지를 받았다고 합니다. 그는 그 편지를 읽고 나서 자신이 가고 있는 방향이 잘못되지 않았다는 자신감을 얻게 되었다고 합니다. 그러한 자신감을 바탕으로 몸을 사리지 않고 직원들의 의식을 혁명시키려 했기에 그곳은 근사한 공장으로 재탄생할 수 있었던 것입니다. 그가 받은 편지를 여기서 소개하려 합니다.

전무님께

전무님께는 아무리 감사해도 부족할 정도입니다. 정말 감사합니다. 제 남편은 지금까지 조합 활동을 해왔는데, 사실은 집에 오면 빈둥거리기만 해서 아이들에게도 무시당하고 있었습니다. 그런데 전무님이 부임해 오고 나서 남편의 눈빛이 달라졌어요. 아침 일찍부터 출근길에 나서고 밤늦게까지도 일했습니다. 집에 돌아와서 하는 대화 내용도 달라졌지요.

그 모습을 본 아이들이 최근에는 아버지를 존경하기 시작했습니다. 자식에게 경멸을 받는 아버지라니, 얼마나 슬펐는지 모릅니다. 그런데 요즘 아버지의 달라진 행동을 보고 아이의 마음도 달라진 것입니다. 아버지가 생기 있고 의욕에 차 있으니 가정에도 활기가 생겼습니다. 아이도 아버지를 존경하게 되어 가정이 정말로 화목해졌어요. 뭐라고 감사의 말씀을 드려야 할지 모르겠습니다. 진심으로 감사드립니다.

가시코 올림

이 간부는 아무리 힘든 일이 있어도, 그리고 아무리 밤늦게까지 일해도 일이 즐거웠다고 합니다. 또한 경영이 즐겁다고 합니다. 그렇기에 성과를 올릴 수 있는 것입니다. 경영이란 즐겁지 않으면 안 됩니다. 내가 남들보다 더 큰 성과를 낼 수 있었던 것 역시 정말로 경영이 즐겁기 때문입니다.

'좋아서 하는 일은 능숙해진다'라는 말이 있습니다. 그처럼 경영 자체가 괴로워서는 안 됩니다. 경영 2세든 3세든, 설령 자신의 의지가 아니더라도 회사를 물려받은 이상 어떻게 해서든 일을 좋아해야 합니다.

그렇다면 어떻게 해야 일을 좋아하게 될까요? 바로 일에 몰두하는 것입니다. 몰두하지 않으면 결코 좋아할 수가 없어요. 어떤 일이든 그 일에 전력으로 매진하여 완수해 낸다면 큰 성취감과 자신감이 생기고, 그렇게 반복하는 동안 더욱더 일을 좋아하게 됩니다. 그러면 어떠한 노력도 고생스럽지 않게 느껴질 것이고, 훌륭한 성과도 낼 수 있습니다.

훌륭한 경영자가 되기 위해 반드시 필요한 조건이 있다면 지금 자신이 맡고 있는 '경영'이라는 일을 좋아하는 것입니다. 그러기 위해서는 귀하가 지금 하고 있는 일에 몰두하세요. 그 방법만이 유일한 길입니다.

# 세이와주쿠란?

세이와주쿠는 1983년에 교토의 젊은 경영자들이 교세라 주식회사의 창업자 이나모리 가즈오 사장에게 인간으로서의 삶의 방식인 '인생 철학'과 경영자로서의 사고방식인 '경영 철학'을 배우고자 만든 자주적 공부 모임에서 시작되었습니다.

그곳은 진지하게 공부하려는 경영자들과 그들의 열의에 응하는 이나모리 학장의 화합으로 긴장감 넘치는 배움의 장이 되었습니다. 이나모리 학장은 '마음이 살아 있는 기업 경영자야말로 국가의 미래를 짊어질 것'이라는 신념으로 세이와주쿠 활동에 심혈을 기울였습니다.

각 지역마다 연간 10회 이상 이나모리 학장과 함께하는 정례회(공부 모임)가 개최되어 학장의 실제 경험을 토대로 한 강연과 이나모리 철학을 배워 성장한 수강생들의 경영 체험 발표, 질의 문답 등이 진행되었습니다. 일정이 끝난 후에는 친목회가 열렸습니다.

세이와주쿠는 『어떻게 회사는 강해지는가』의 출간 당시 일본 내 53개 지부, 해외 9개 지부가 운영되었고 수강생 수는 6000명을 웃돌았습니다. 그렇게 36년간 활동한 끝에 2019년에 해산했습니다. 해산 당시 지부는 일본 내 56개, 해외 48개에 달했고 수강생 수도 1만 5000명에 이르렀습니다. 세이와주쿠는 손정의 소프트뱅크 회장과 시게다 야쓰미쓰 히카리통신 사장을 배출했으며, 해산한 지금까지도 여전히 '이나모리즘' 경영 철학의 본산이었다고 칭송받고 있습니다.

옮긴이 **김윤경**

일본어 전문 번역가. 현재 출판번역 에이전시 글로하나를 꾸려 다양한 언어의 도서 리뷰 및 번역 중개 업무도 하고 있다. 역서로 『철학은 어떻게 삶의 무기가 되는가』, 『왜 일하는가』, 『왜 리더인가』, 『사장의 도리』, 『이나모리 가즈오, 그가 논어에서 배운 것들』, 『어떻게 나의 일을 찾을 것인가』(근간), 『문장 교실』, 『63일 침대맡 미술관』, 『일을 잘한다는 것』, 『초역 다빈치노트』, 『뉴타입의 시대』, 『로지컬 씽킹』, 『일이 인생을 단련한다』, 『나는 단순하게 살기로 했다』 등 60여 권이 있다.

# 어떻게 회사는 강해지는가

**초판 1쇄 인쇄** 2022년 4월 1일
**초판 1쇄 발행** 2022년 4월 11일

**지은이** 이나모리 가즈오
**옮긴이** 김윤경
**펴낸이** 김선식

**경영총괄** 김은영
**책임편집** 문주연 **디자인** 윤유정 **책임마케터** 이고은
**콘텐츠사업1팀장** 임보윤 **콘텐츠사업1팀** 윤유정, 한다혜, 성기병, 문주연
**편집관리팀** 조세현, 백설희 **저작권팀** 한승빈, 김재원, 이슬
**마케팅본부장** 권장규 **마케팅2팀** 이고은, 김지우
**미디어홍보본부장** 정명찬
**홍보팀** 안지혜, 김은지, 박재연, 이소영, 이예주, 오수미
**뉴미디어팀** 허지호, 박지수, 임유나, 송희진, 홍수경
**경영관리본부** 하미선, 이우철, 박상민, 윤이경, 김재경, 최완규, 이지우, 김혜진, 오지영, 김소영, 안혜선, 김진경
**물류관리팀** 김형기, 김선진, 한유현, 민주홍, 전태환, 전태연, 양문현
**저자 사진** ⓒ Bloomberg via Getty Images

**펴낸곳** 다산북스 **출판등록** 2005년 12월 23일 제313-2005-00277호.
**주소** 경기도 파주시 회동길 490
**전화** 02-702-1724 **팩스** 02-703-2219 **이메일** dasanbooks@dasanbooks.com
**홈페이지** www.dasan.group **블로그** blog.naver.com/dasan_books
**종이** 한솔피엔에스 **출력 및 제본** 한영문화사 **코팅 및 후가공** 평창피엔지

ISBN 979-11-306-8912-8 (03320)